SUPER
J-Book Series

科目別 過去問題集

2024高卒認定
スーパー実戦過去問題集
英語

編集●J-出版編集部　　　　制作●J-Web School

最新過去問題
&詳細解説
6回分
2021~2023年

J-出版

もくじ

高卒認定試験情報ほか

問題／解答・解説

高卒認定試験の概要

1. 高等学校卒業程度認定試験とは

　高等学校卒業程度認定試験（高卒認定試験）は、高等学校を卒業していないなどのため、大学等の受験資格がない方に対し、高等学校卒業者と同等以上の学力があるかどうかを認定する試験です。合格者には大学・短大・専門学校や看護学校などの受験資格が与えられるだけでなく、高等学校卒業者と同等以上の学力がある者として認定され、就職、転職、資格試験等に広く活用することができます。ただし、試験で合格要件を満たした者が満18歳に達していないときには、18歳の誕生日から合格者となります。

2. 受験資格

　受験年度末の3月31日までに満16歳以上になる方。現在、高等学校等に在籍されている方も受験が可能です。ただし、すでに大学入学資格を持っている方は受験できません。

3. 実施日程

　試験は8月と11月の年2回実施されます。8月試験と11月試験の受験案内（願書）配布開始日、出願期間、試験日、結果通知送付日は以下のとおりです（令和6年度の実施日程を基に作成しています。最新の実施日程については文部科学省のホームページを確認してください）。

	第1回（8月試験）	第2回（11月試験）
配 布 開 始 日	4 月 1 日(月)〜	7月16日(火)〜
出 願 期 間	4 月 1 日(月)〜 5 月 7 日(火)	7 月16日(火)〜 9 月 6 日(金)
試 験 日	8 月 1 日(木)・2 日(金)	11月 2 日(土)・3 日(日)
結果通知送付日	8 月27日(火)発送	12月 3 日(火)発送

4. 試験科目と合格要件

　試験の合格者となるためには、合格要件に沿って8科目もしくは9科目の試験科目に合格することが必要です（「理科」の選択科目によって科目数が異なります）。

教科	試験科目	科目数	合格要件
国語	国語	1	必修
地理歴史	地理	1	必修
	歴史	1	必修
公民	公共	1	必修
数学	数学	1	必修
理科	科学と人間生活	2 または 3	以下の①、②のいずれかが必修 ①「科学と人間生活」の1科目と「物理基礎」、「化学基礎」、「生物基礎」、「地学基礎」のうち1科目（合計2科目） ②「物理基礎」、「化学基礎」、「生物基礎」、「地学基礎」のうち3科目（合計3科目）
	物理基礎		
	化学基礎		
	生物基礎		
	地学基礎		
外国語	英語	1	必修

5.試験科目の出題範囲

試験科目	出題範囲（対応する教科書名）	
国語	「現代の国語」「言語文化」	
地理	「地理総合」	
歴史	「歴史総合」	
公共	「公共」	
数学	「数学Ⅰ」	
科学と人間生活	「科学と人間生活」	令和4年4月以降の高等学校入学者が使用している教科書
物理基礎	「物理基礎」	
化学基礎	「化学基礎」	
生物基礎	「生物基礎」	
地学基礎	「地学基礎」	
英語	「英語コミュニケーションⅠ」	

出願から合格まで

1.受験案内（願書）の入手

　受験案内（願書）は、文部科学省や各都道府県教育委員会、各都道府県の配布場所などで配布されます。ただし、配布期間は年度毎に異なりますので、文部科学省のホームページなどで事前に確認してください。なお、直接取りに行くことができない方はパソコンやスマートフォンで受験案内（願書）を請求することが可能です。

〈パソコンもしくはスマートフォンで請求する場合〉
　次のURLにアクセスし、画面の案内に従って申し込んでください。　https://telemail.jp/shingaku/pc/gakkou/kousotsu/
○受験案内（願書）は、配布開始時期のおよそ1か月前から出願締切のおよそ1週間前まで請求できます。
○請求後、受験案内（願書）は発送日から通常3～5日程度で届きます。ただし、配布開始日以前に請求した場合は予約扱いとなり、配布開始日に発送されます。
○受験案内（願書）に同封されている支払方法に従って送料を払います。
○不明な点はテレメールカスタマーセンター（TEL：050-8601-0102　受付時間：9:30～18:00）までお問い合わせください。

2.出願書類の準備

　受験案内（願書）を入手したら、出願に必要な次の書類を用意します（令和5年度の受験案内を基に作成しています。内容が変更になる場合もあるため、最新の受験案内を必ず確認してください）。

①受験願書・履歴書
②受験料（収入印紙）
③写真2枚（縦4cm×横3cm）※同じ写真を2枚用意
④住民票または戸籍抄本
⑤科目合格通知書　※一部科目合格者のみ
⑥試験科目の免除に必要な書類（単位修得証明書、技能審査の合格証明書）※試験科目の免除を申請する者のみ
⑦氏名、本籍の変更の経緯がわかる公的書類（戸籍抄本等）※必要な者のみ
⑧個人情報の提供にかかる同意書　※該当者のみ
⑨特別措置申請書および医師の診断・意見書　※必要な者のみ
⑩出願用の封筒

①受験願書・履歴書

受験願書・履歴書の用紙は受験案内に添付されています。

②受験料（収入印紙）

受験科目が7科目以上の場合は 8,500 円、4科目以上6科目以下の場合は 6,500 円、3科目以下の場合は 4,500 円です。受験料分の金額の日本政府発行の収入印紙（都道府県発行の収入証紙等は不可）を郵便局等で購入し、受験願書の所定欄に貼り付けてください。

③写真2枚（縦4cm×横3cm）

出願前6か月以内に撮影した、無帽・背景無地・正面上半身の写真を2枚（同一のもの）用意し、裏面に受験地と氏名を記入して受験願書の所定欄に貼り付けてください。写真は白黒・カラーいずれも可です。

④住民票または戸籍抄本（原本）

出願前6か月以内に交付され、かつ「本籍地（外国籍の方は国籍等）」が記載されたものを用意してください。マイナンバーの記載は不要です。海外在住の外国籍の方で提出が困難な場合は、必ず事前に文部科学省総合教育政策局生涯学習推進課認定試験第二係まで問い合わせてください。 TEL：03-5253-4111（代表）（内線 2590・2591）

⑤科目合格通知書（原本）

過去に高等学校卒業程度認定試験または大学入学資格検定において、一部科目に合格している方は提出してください。なお、紛失した場合は受験案内にある「科目合格通知書再交付願」で出願前に再交付を受けてください。結婚等により、科目合格通知書に記載された氏名または本籍に変更がある場合は、「⑦氏名、本籍の変更の経緯がわかる公的書類（戸籍抄本等）」をあわせて提出してください。

⑥試験科目の免除に必要な書類（単位修得証明書、技能審査の合格証明書）（原本）

試験科目の免除を申請する方は受験案内を確認し、必要書類を提出してください。なお、「単位修得証明書」が発行元で厳封されていない場合は受理されません。結婚等により、試験科目の免除に必要な書類の氏名に変更がある場合は、「⑦氏名、本籍の変更の経緯がわかる公的書類（戸籍抄本等）」をあわせて提出してください。

⑦氏名、本籍の変更の経緯がわかる公的書類（戸籍抄本等）（原本）

結婚等により、「⑤科目合格通知書」や「⑥試験科目の免除に必要な書類」に記載された氏名または本籍が変更となっている場合に提出してください。

⑧個人情報の提供にかかる同意書

外国籍の方で、過去に高等学校卒業程度認定試験または大学入学資格検定で合格した科目があり、「⑤科目合格通知書」の氏名（本名）または国籍に変更がある場合は、受験案内を確認して提出してください。

⑨特別措置申請書および医師の診断・意見書

身体上の障がい等により、受験の際に特別措置を希望する方は、受験案内を確認し、必要書類を提出してください。

⑩出願用の封筒

出願用の封筒は受験案内に添付されています。封筒の裏面に氏名、住所、電話番号、受験地を明記し、「出願書類確認欄」を用いて必要書類が揃っているかを再度チェックし、不備がなければ郵便局の窓口で「簡易書留扱い」にして文部科学省宛に送付してください。

3. 受験票

受験票等（受験科目決定通知書、試験会場案内図および注意事項を含む）は文部科学省から受験願書に記入された住所に届きます。受験案内に記載されている期日を過ぎても到着しない場合や記載内容に誤りがある場合は、文部科学省総合教育政策局生涯学習推進課認定試験第二係に連絡してください。 TEL：03-5253-4111（代表）①試験実施に関すること（内線 2024・2643）②証明書に関すること（内線 2590・2591）

4. 合格発表・結果通知

試験の結果に応じて、文部科学省から次のいずれかの書類が届きます。全科目合格者には「**合格証書**」、一部科目合格者には「**科目合格通知書**」、その他の者には「**受験結果通知**」が届きます。「**合格証書**」が届いた方は、大学入学資格（高等学校卒業程度認定資格）が与えられます。ただし、試験で合格要件を満たした方が満 18 歳に達していないときには、18 歳の誕生日から合格者となります。そのため、大学入学共通テスト、大学の入学試験等については、原則として満 18 歳になる年度から受験が可能となります。大学入学共通テストについては、独立行政法人大学入試センター 事業第一課（TEL：03-3465-8600）にお問い合わせください。「**科目合格通知書**」が届いた方は、高等学校卒業程度認定試験において1科目以上の科目を合格した証明になりますので、次回の受験まで大切に保管するようにしてください。なお、一部科目合格者の方は「**科目履修制度**」を利用して、合格に必要な残りの科目について単位を修得することによって、高等学校卒業程度認定試験合格者となることができます（「**科目履修制度**」については次のページもあわせて参照してください）。

科目履修制度 （未合格科目を免除科目とする）

1. 科目履修制度とは

科目履修制度とは、通信制などの高等学校の科目履修生として未合格科目（合格に必要な残りの科目）を履修し、レポートの提出とスクーリングの出席、単位認定試験の受験をすることで履修科目の単位を修得する制度となります。この制度を利用して単位を修得した科目は、免除科目として文部科学省に申請することができます。高等学校卒業程度認定試験（高卒認定試験）の合格科目と科目履修による単位修得を合わせることにより、高等学校卒業程度認定試験の合格者となることができるのです。

2. 科目履修の学習内容

レポートの提出と指定会場にて指定回数のスクーリングに出席し、単位認定試験で一定以上の点数をとる必要があります。

3. 科目履修制度の利用

❶ すでに高卒認定試験で合格した一部科目と科目履修を合わせることにより高卒認定試験合格者となる。

高卒認定試験 既合格科目	+	科目履修 （残り科目を履修）	=	合わせて 8科目以上	高卒認定試験 合格

※最低1科目の既合格科目または合格見込科目が必要

① 苦手科目がどうしても合格できない方　② 合格見込成績証明書を入手し、受験手続をしたい方
③ 残り科目を確実な方法で合格したい方　④ 大学・短大・専門学校への進路が決まっている方

❷ 苦手科目等を先に科目履修で免除科目にして、残りの得意科目は高卒認定試験で合格することで高卒認定試験合格者となる。

科目履修 （苦手科目等を履修）	+	高卒認定試験 科目受験	=	合わせて 8科目以上	高卒認定試験 合格

※最低1科目の既合格科目または合格見込科目が必要

① 得意科目だけで高卒認定試験の受験に臨みたい方　② できるだけ受験科目数を減らしたい方
③ どうしても試験で合格する自信のない科目がある方　④ 確実な方法で高卒認定試験の合格を目指したい方

4. 免除を受けることができる試験科目と免除に必要な修得単位数

免除が受けられる試験科目	高等学校の科目	免除に必要な修得単位数
国語	「現代の国語」	2
	「言語文化」	2
地理	「地理総合」	2
歴史	「歴史総合」	2
公共	「公共」	2
数学	「数学Ⅰ」	3
科学と人間生活	「科学と人間生活」	2
物理基礎	「物理基礎」	2
化学基礎	「化学基礎」	2
生物基礎	「生物基礎」	2
地学基礎	「地学基礎」	2
英語	「英語コミュニケーションⅠ」	3

(注) 上記に記載されている免除に必要な修得単位数はあくまで標準的修得単位数であり、学校によっては科目毎の設定単位数が異なる場合があります。

■科目履修制度についてより詳しく知りたい方は、J‐出版編集部にお問い合わせください。
TEL：03-5800-0552
Mail：info@j-publish.net

傾向と対策

1. 出題傾向

高卒認定試験の英語は、下の表の内容の問題が毎回出題されます。過去問を演習するにあたって、それぞれの大問の内容がどのようなものかをしっかり押さえて学習をするように心がけてください。

内容	形式詳細	問題数	解答形式
大問 1			
文強勢問題	AさんとBさんの4文程度の対話文。最も強く発音する箇所の選択肢を答える。	3	
大問 2			
対話文完成問題	AさんとBさんの4文程度の対話文。空所に当てはまる適切な選択肢を答える。	5	
大問 3			
整序英作文問題	5つの語句を並べかえて英文を完成させて、2番目と4番目の選択肢を答える。	3	
大問 4			
意図把握問題	5文程度からなる英文を読んで、その内容と合致する選択肢を答える。	3	選択式
大問 5			
空所補充問題	5文程度からなる英文にある空所に当てはまる適切な選択肢を答える。	3	
大問 6			
長文読解問題（グラフ・表付き）	長文を読み、グラフや資料を読み解き、設問に答える。	3	
大問 7			
長文読解問題（物語文）	長文を読み、設問に答える。	4	

2. 出題内容と対策

1 文強勢問題

大問1は、話し手が対話の相手に最も伝えたいことは何か、これをつかむことが最大のポイントです。とくに下線部の前の文の内容を丁寧に読み取って、下線部のうちで話し手が相手に最も伝えたいと思われる内容をつかみましょう。

大問1でよく見られるパターンは、①前文のある内容に対する主張・意見・提案、②前文のある内容に対する訂正、③前文の疑問文に対する直接的あるいは具体的な答え、これら3つです。Aに対してBだと主張・意見・提案する、AではなくてBだと訂正する、Aという質問に対してBという答えというように、対になる内容をつかむようにすると、最も強く発音される単語の選択肢を確実に選べるようになります（後者のBの部分が強く発音されます）。

2 対話文完成問題

大問2は、対話の流れ（展開）をつかむことがポイントです。冒頭の（　　）内に示されている場所や状況を確認して、とくに空所の前後の文から会話の流れをつかみ、空所の前の文の内容とも後の文の内容ともつじつまが合う選択肢を選びましょう。

大問2の典型的な出題パターンは、①空所の前の文が疑問文である、②空所に疑問文が入る（選択肢がすべて疑問文である）、という2パターンです。①のパターンでは、空所の前の文が疑問文ということは、それに対する答えが空所に入ることになります。②のパターンでは、選択肢がすべて疑問文であるということは、空所の後の文はそれに対する答えとなっているはずですので、その答えに対応する疑問文が空所に入ることになります。大問2は、まずこの2つの出題パターンの問題を確実に正解できるようになりましょう。

3 整序英作文問題

　大問3は、すぐに語句を並べかえようとはせずに、空所の前後の内容をつかむことがポイントです。こうすることにより、空所を含む文の内容（意味）が推測しやすくなり、また与えられた語句を適切な語順に並べかえやすくなります。また、前から一気に並べかえようとはせずに、空所の前後や選択肢の語句を使って、確実にこの語順となるという部分をすこしずつ作り上げていき、全体の一文を完成させるようにしましょう。

　大問3を確実に正解するには、基礎的な文法や語法についての正確な知識が必要となります。とりわけ、動詞については〈動詞＋人＋物〉、〈動詞＋to do〉、〈動詞＋doing〉、〈動詞＋that＋文〉、〈動詞＋人＋to do〉といった語順になる用法をもつ動詞を整理して覚えておきましょう。〈助動詞の書き換え表現〉、〈比較構文〉、〈形式主語構文〉、〈too〜to … 構文〉、〈〜enough to … 構文〉、〈so〜that … 構文〉といった慣用表現や構文についても、語順に注意して覚えておくとよいでしょう。

4 意図把握問題

　大問4は、メッセージに込められた意図つまりメッセージを通じて伝えようとしている事柄を、一部分からではなく全体から読み取ろうとすることがポイントです。選択肢については日本語で与えられます。日本語の選択肢は解答の際のヒントになりますので、大いに活用しましょう。

　基本的に選択肢には共通するトピック（話題）がありますので、本文を読む前にトピックだけでも確認しておくとよいでしょう。こうしておくと、単に本文が読み取りやすくなるだけではありません。選択肢に共通するトピックが大きく2つに分けられる場合には、本文のトピックさえわかってしまえば、その時点でほぼ2つの選択肢に絞ることができます。

5 空所補充問題

　大問5は、空所に当てはまる適切な語句を選ぶというシンプルな問題ですが、それだけに選択肢の語句の意味がわかるか否かが最大のポイントとなります。

　大問5の出題パターンは2つに分けることができます。選択肢がすべてhowever（しかしながら）やfor example（たとえば）、as a result（その結果）、in addition（それに加えて）などといった「ディスコースマーカー（談話標識）」あるいは「つなぎことば」と呼ばれる類の語句であるか、選択肢がすべて「つなぎことば」以外の語句であるかです。前者の場合は、とくに空所の前の文と後の文の関係性をとらえて、その関係性に応じた適切な「つなぎことば」を選ぶことになります。後者の場合は、全体の要旨をつかみつつ、とくに空所を含む文を丁寧に読み、その一文の意味と選択肢の単語の意味をよく照らし合わせて選択肢を選ぶことになります。

6 長文読解問題（グラフ・表付き）

　大問6は、設問文から解答の根拠を探す範囲を限定することがポイントです。長文そのものを読むことにも時間がかかると思いますが、解答の根拠を探す範囲を絞ってできるだけ短時間で根拠を見つけられるようにしましょう。

　設問文から解答の根拠を探す範囲を限定する方法は次のとおりです。According to the graph（グラフによると）などというように、設問文にthe graph [chart]（グラフ）やthe pie chart（円グラフ）、the table（表）という語句を含む場合は、解答の根拠はグラフ・円グラフ・表から探すこととなります。これに対して、設問文にAccording to the passage（この文章によると）とある場合は、解答の根拠は本文中から探すこととなります。

7 長文読解問題（物語文）

　大問7は、本文よりも設問文のみを先読みすることと、5W1Hを意識しながらストーリーの展開を追うことがポイントです。

　設問文を先読みするメリットは2つあります。第一には、どのようなことを問われるのかを先に知っておくことができる点です。第二には、設問は基本的にストーリー展開に沿った順番になっていることから、本文の展開をある程度予測することができる点です。

　5W1Hとは、Who（誰が）、When（いつ）、Where（どこで）、What（何を）、Why（なぜ）、How（どのように）という6つの要素を指します。これらのことを意識しながら読み進めることによって、ストーリーの展開を追いやすくなるだけでなく、設問を解く際に根拠を探しやすくなります。

【本書で用いている記号】
S：主語　V：述語動詞　O：目的語　C：補語
to do：to＋不定詞（動詞の原形）　doing：動名詞
A：Aには（代）名詞が入る　B：Bには（代）名詞が入る
（ ）：省略可能　［ ］：言い換え可能

令和5年度 第2回
高卒認定試験

英　語

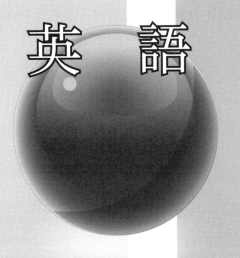

解答時間　50分

英　　　語

$$\left(解答番号 \boxed{1} \sim \boxed{27} \right)$$

1 次の１から３までの対話において，下線を引いた語の中で最も強く発音されるものを，それぞれ①～④のうちから一つずつ選びなさい。解答番号は $\boxed{1}$ ～ $\boxed{3}$ 。

1　A : May I help you?

　　B : Yes, please.　I'm looking for a pair of sneakers.

　　A : I see.　Will <u>you</u> <u>be</u> <u>running</u> <u>in</u> them?
　　　　　　　　①　②　③　④

　　B : No, I'll use them mainly for walking.

$\boxed{1}$

2　A : Let's make a photo book for our coach.

　　B : That's a good idea.　We'll need a lot of pictures, though.

　　A : I have lots of photos.　Should I send them to you by email?

　　B : Actually, <u>can</u> <u>you</u> <u>upload</u> <u>them</u> to our shared album instead?
　　　　　　　　①　②　③　④

$\boxed{2}$

3　A : Are you checking in any bags?

　　B : Yes, I have three suitcases.

　　A : With your ticket, you can only <u>check</u> <u>in</u> <u>two</u> <u>suitcases</u> for free.
　　　　　　　　　　　　　　①　②③　④

　　B : Well then, I'll bring my smallest one as a carry-on.

$\boxed{3}$

2 次の1から5までの対話文の □ 内に入れるのに最も適当なものを，それぞれ①～④のうちから一つずつ選びなさい。解答番号は 4 ～ 8 。

1 (At a library)

A：Hi, I'm looking for the science section.

B：OK, are you looking for books in a specific scientific field?

A：Yes, I'd like to find some books on DNA and genetics.

B： 4

① OK, go to Section B, Biology.　　② You have to return them by Friday.

③ OK, read them right now.　　④ You need to show me your ID card.

2 (At a post office)

A：I'd like to send a package to Victoria, Australia.

B：First, you need to register both your information and the recipient's information.

A： 5

B：You can do it here on this computer.

① When do I have to register them?　　② What do I have to do that for?

③ Where do I post it?　　④ How do I do that?

3 (On a street)

A：Did you know the new sports center has just opened?

B：Yes. 6

A：No, but my sister plays tennis there every Saturday.

B：That's nice. Maybe we can go there together sometime soon.

① Will you do me a favor?　　② Did you check how it's built?

③ Have you already been there?　　④ Do you have the name list?

4　（At an office）

A：Welcome back to work, Hana. How was your trip?

B：It was amazing but the long flight made me exhausted.

A：　7

B：Dream Airways. Everything was wonderful except the flight time.

①　What did you do during the flight?　　②　How long did it take?

③　Why did you choose this airline?　　④　Which airline did you use?

5　（In a museum）

A：Excuse me, sir. Could you put away your camera, please?

B：I'm sorry. What did you say? I didn't catch that.

A：　8　　Please put your camera away.

B：Oh, I didn't know that. I'm so sorry.

①　Taking photos is not allowed here.　　②　Eating here is good now.

③　Drawing is a nice try for you.　　④　Calling is not something difficult.

3 次の1から3の各英文がまとまりのある文章になるようにそれぞれ①~⑤の語句を並べかえた
とき、2番目と4番目に入るものを選びなさい。解答番号は 9 ~ 14 。

1 I am a professional pianist, and I wanted my son to be one too. However, when he was
ten, I realized that what he wanted to _____ 9 _____ 10 _____ I wanted him
to do. I stopped teaching him piano, and shortly after, he joined a soccer team.

    ① different   ② do   ③ what

    ④ was   ⑤ from

2 Many people believe that it is good to stretch before exercising to warm up the muscles.
However, some recent studies have found that _____ 11 _____ 12 _____.
Instead, experts advise us to warm up with five to ten minutes of a light physical activity
such as a quick walk or some simple jumps.

    ① can   ② damage   ③ this

    ④ our muscles   ⑤ doing

3 "Never judge a book by its cover" is a famous English phrase. It means that we should
not make a judgment about someone _____ 13 _____ 14 _____. Instead, we
should pay more attention to their personality and actions.

    ① they   ② how   ③ based

    ④ look   ⑤ on

4 次の1から3の各メッセージの送り手が意図したものとして最も適当なものを，それぞれ①〜④のうちから一つずつ選びなさい。解答番号は 15 〜 17 。

1 Today is the last lecture in this semester. For your final assignment, you will need to write a 3,000-word essay on any of the readings from this term. The deadline to submit is June 10th at 11:59 p.m. No late papers will be accepted.

① 授業の課題について伝える。　② 教科書の購入方法を案内する。
③ 公開講座の受講方法を案内する。　④ 休講の理由について伝える。

15

2 In South Park High School, students are required to wear uniforms to school. We introduced a gender-neutral uniform policy in 2015. Girls and boys can choose to wear a skirt or pants. Please choose whichever style you find more comfortable.

① 制服の廃止を伝える。　② 学校の規則を説明する。
③ 更衣室の改装を伝える。　④ 学用品の購入方法を説明する。

16

3 Thank you for visiting our fishing port today. Here are some tips to help you catch more fish. First, try to fish in different locations. Second, fish at different times of the day. And last but not least, record your fishing success.

① 魚の飼育方法を説明する。　② 魚の調理方法を説明する。
③ 魚釣りの日程を説明する。　④ 魚釣りのコツを説明する。

17

5 次の1から3の各英文の [　　] 内に入れるのに最も適当なものを，それぞれ①～④のうちから一つずつ選びなさい。解答番号は [18] ～ [20] 。

1 Playing video games is very popular around the world. Some people like to play with other players on the Internet while others like to play alone. There are some people who enjoy watching games played by popular gamers. People enjoy video games in [18] ways.

① beautiful   ② expensive   ③ easy   ④ different

2 Conveyor-belt sushi restaurants are popular among both children and adults. More and more of these restaurants are now using touch panels as ordering tools. You can also [19] your food from the conveyor belt.

① select   ② waste   ③ offer   ④ deliver

3 My idea of "bigger is better" changed after I saw a Japanese tearoom with *tatami* mats. A Japanese tearoom is usually a lot smaller than a typical Western-style living room, which is often very spacious. Surprisingly, even with a space of just two or three *tatami* mats, you can feel a sense of [20] there.

① achievement   ② comfort   ③ caution   ④ anxiety

6 次の表及び英文を読み，1から3の質問の答えとして最も適当なものを，それぞれ①～④のうちから一つずつ選びなさい。解答番号は 21 ～ 23 。

Ranking of Popular Part-time Jobs and Average Hourly Wages at Aozora University

Ranking	Type of job	Average wage per hour
1	Café staff	¥950
2	Tutor	¥1,850
3	Convenience store clerk	¥1,100
4	Restaurant staff	¥1,000
5	Concert and event assistant	¥1,300

Number of Days Aozora University Students Work per Week

Number of days worked	Percentage of students
7 days	5%
5-6 days	10%
3-4 days	20%
1-2 days	40%
None	25%

Takuya is a student at Aozora University. Six months have passed since he started studying there. Once he had gotten used to life at the university and had more free time, he began thinking about starting a part-time job. So, he asked Jun, a third-year student at the same university, for advice. Jun was Takuya's teammate on the basketball team in high school, and they still play basketball together once a week at the university. Jun showed Takuya an article from the university newspaper that featured part-time jobs.

The article introduced popular part-time jobs among students at Aozora University and the average hourly wage for each job. Working at a café was the most popular job. According to the article, that was because many of the staff members who worked there were students from other universities, so they could make friends easily. The second most popular job was tutoring since the hourly wage was higher than wages at other jobs. As for Jun, he works part-time at a convenience store three days a week. He works late at night, so the hourly wage is high.

After considering his options, Takuya decided to start working part-time at a supermarket near his apartment. He has been able to get off to a good start. He sometimes gets tired of standing for long periods of time and carrying heavy objects, but thanks to the support of his co-workers, he thinks he will be able to continue working there. Takuya is currently working part-time once a week, but he is thinking of adding more days to his work schedule starting next month. He would like to save more money so that he can go to a driving school to get a driver's license in the near future.

1 According to the tables, which of the following is true?

① Hourly wages at convenience stores are the second highest.

② Restaurant staff is the least popular of all part-time jobs.

③ Twenty-five percent of the students do not have a part-time job.

④ One out of five students work part-time five to six days a week.

| 21 |

2 According to the passage, which of the following is true about Takuya and Jun?

① They have been helping edit newspapers since they started college.

② They became friends through their part-time jobs.

③ They both decided to work at the café near the university.

④ They have been playing basketball together since high school.

| 22 |

3 According to the passage, which of the following is true about Takuya?

① He started working on campus to go to a driving school.

② He was able to find a good part-time job near his apartment.

③ He planned to save money so that he could study abroad.

④ He was too busy with his part-time job to attend classes.

| 23 |

7　次の英文を読み，1から4の □□□ 内に入れるのに最も適当なものを，それぞれ①〜④のうちから一つずつ選びなさい。解答番号は 24 〜 27 。

Kazu is an elementary school student. He likes sports very much, and he often goes to the park near his house to play soccer. He always has a good time when he goes there with his father on weekends. His father used to play soccer when he was a student, so Kazu can learn how to play it from him.

One Sunday afternoon, Kazu went to the park to play soccer with his father as usual. Suddenly, they heard a boy crying. Kazu's father walked up to the boy and asked him what happened. The boy could not answer easily because he was crying. Instead, he pointed up at the tree branches. There was a baseball in the branches. Kazu's father nodded silently, patting the boy's head. He tried to knock the baseball down with Kazu's soccer ball several times, but it was too high. Kazu could not understand why his father was trying so hard to help the boy. Kazu wanted his father to leave the boy and come back to play soccer with him.

Instead, Kazu's father decided to go home and get a ladder. Their house was very close to the park, so it would not take so long for his father to leave and come back to the park. However, Kazu became more upset because he felt this little boy was wasting his precious time with his father. Soon, his father came back with a long stick as well as the ladder. He put the ladder in front of the tree and reached the baseball on the branch using the long stick. This time, he managed to push the ball and it flew into the air.

As soon as it fell onto the ground, the boy rushed to it and held it tightly to his chest. Now, there was not a tear in his eyes, but rather a smile on his face. Looking at the boy, Kazu's father also had a smile on his face. Kazu finally understood why his father tried so hard. He watched the boy leaving the park with the ball. This experience taught Kazu that one can be happy by making others happy.

1　On weekends, Kazu enjoys [24]

①　learning how to play soccer from his father.

②　going to the park with his mother.

③　trying a new sport at his school.

④　playing soccer with his teammates.

2　The boy was crying because he [25]

①　fell from the tall tree onto the ground.

②　could not find his father in the park.

③　had a fight with his best friend.

④　could not get his ball from the tree.

3　Kazu was not happy when his father was helping the boy because Kazu [26]

①　wanted to play baseball with the boy.

②　wanted to play soccer with his father.

③　wanted to go home early.

④　wanted to buy a new baseball for the boy.

4　Kazu learned [27]

①　his father should be tall enough to reach high places.

②　he should be careful when he throws his ball.

③　making people happy can lead to your own happiness.

④　being kind to little children can create a safe environment.

令和5年度 第2回

解答・解説

令和5年度 第2回 高卒認定試験

【 解 答 】

1	解答番号	正答	配点	2	解答番号	正答	配点	3	解答番号	正答	配点	4	解答番号	正答	配点
問1	1	③	4	問1	4	①	4	問1	9	④	4	問1	15	①	4
問2	2	③	4	問2	5	④	4		10	⑤		問2	16	②	4
問3	3	③	4	問3	6	③	4	問2	11	③	4	問3	17	④	4
-	-	-		問4	7	④	4		12	②		-	-	-	
-	-	-		問5	8	①	4	問3	13	⑤	4	-	-	-	
-	-	-							14	①		-	-	-	

5	解答番号	正答	配点	6	解答番号	正答	配点	7	解答番号	正答	配点
問1	18	④	4	問1	21	③	4	問1	24	①	5
問2	19	①	4	問2	22	④	4	問2	25	④	5
問3	20	②	4	問3	23	②	4	問3	26	②	5
-	-	-		-	-	-		問4	27	③	5
-	-	-		-	-	-		-	-	-	

【 解 説 】

1

問1　Aさんが「いらっしゃいませ（何かお探しですか？）」とBさんに声を掛けます。Bさんが「はい、お願いします。スニーカーを一足探しているのですが」と言うと、Aさんは「スニーカーを履いて走られますか？」とたずねます。それに対してBさんは「いえ、スニーカーは主にウォーキングに使うつもりです」と答えています。スニーカーを探しているというBさんに対して、Aさんは下線部を含む文でスニーカーを履いて「走る」のですかと具体的な用途を問うています。その質問にBさんは「ウォーキング」のために用いると答えています。ここから、「ウォーキング」（walking）と対になる「走る」（run[ning]）がBさんに最も伝えたい内容だとわかりますので、正解は③ running となります。

解答番号【1】：③　　⇒ **重要度A**

　　May I help you?：いらっしゃいませ　look for A：Aを探す　Will you be doing?：（相手の予定を丁寧にたずねて）～されますか？ ～される予定ですか？

問2　Aさんが「コーチのためにフォトブックをつくろう」と提案すると、Bさんは「それはいい考えだね。でも、たくさん写真が必要になるね」と答えます。それに対して、Aさんは「写真ならたくさんあるよ。メールで写真を送ろうか？」と申し出ると、Bさんは「実を言えば、その代わりに共有アルバムに写真をアップロードしてもらえるかな？」と答えています。メールで写真を「送る」ことを提案したAさんに対して、Bさんは下線部を含む文でそうではな

くて写真を共有アルバムに「アップロードする」ことを依頼しています。ここから、「送る」
(send) と対になる「アップロードする」(upload) がAさんに最も伝えたい内容だとわか
りますので、正解は③ upload となります。

解答番号【2】：③ ⇒ **重要度A**

  let's do：〜しよう a lot of A / lots of A：たくさんのA Should I 〜 ?：〜しましょうか？

問3 Aさんが「かばんをお預けになりますか？」とたずねると、Bさんは「はい、3つスー
ツケースがあります」と答えます。Aさんが「チケットをお持ちであれば、無料で2つだけ
スーツケースを預けることが可能です」と言うと、Bさんは「では、手荷物で一番小さいスー
ツケースを持っていきます」と応じています。スーツケースが「3つ」あると述べているB
さんに対して、Aさんは「2つ」であれば無料で預けられると伝えています。このことから、
「3つ」(three) と対になる「2つ」(two) がBさんに最も伝えたい内容だとわかりますので、
正解は③ two となります。

解答番号【3】：③ ⇒ **重要度A**

  check A in [in A]：Aを預ける for free：無料で well then：それでは、じゃあ

2

問1 図書館での対話です。Aさんが「あのう、科学のセクションを探しているのですが」と話
し掛けます。Bさんが「はい、特定の科学分野の本をお探しですか？」とたずねると、A
さんは「そうです、DNAや遺伝学の本を見つけたいのです」と答えます。それに対してBさ
んは「【空所】」と応じています。Aさんは、科学のセクションを館内で探しており、空所の
前の文でDNAや遺伝学の本を見つけたいと述べていますから、そのような本のある場所を
案内することばが空欄に入ることがわかります。したがって、正解は① OK, go to Section B,
Biology.（かしこまりました、セクションBの「生物学」に行かれてください）となります。

解答番号【4】：① ⇒ **重要度A**

  would like to do：〜したいのですが right now：すぐに、直ちに need to do：〜する必
  要がある、〜しなければならない show A B（= show B to A）：AにBを見せる

問2 郵便局での対話です。Aさんが「オーストラリアのヴィクトリア州に小包を送りたいので
すが」と話し掛けます。それを聞いたBさんは「まず、お客様の情報と受取人様の情報の両
方を登録する必要がございます」と言います。それに対してAさんが「【空所】」とたずねる
と、Bさんは「ここにあるこのコンピュータでできますよ」と応じています。空所には疑問
文が入りますから、空所の後の文つまり「ここにあるこのコンピュータでできますよ」は空
所に入る疑問文に対する答えです。したがって、正解は④ How do I do that?（それはどの
ようにすればよいのでしょうか？）となります。

解答番号【5】：④ ⇒ **重要度A**

  both A and B：AとBの両方とも have to do：〜しなければならない

問3 通りでの対話です。Aさんが「新しいスポーツセンターがオープンしたばかりだって知っ
ている？」とたずねると、Bさんは「うん。【空所】」とたずね返します。Aさんが「ううん、
でも妹が毎週土曜日にそこでテニスをしているんだ」と答えます。それに対してBさんは「い
いね。たぶん私たちもいっしょに近いうちにそのスポーツセンターに行けるよ」と応じてい

ます。空所には疑問文が入りますから、空所の後の文つまり「ううん、でも妹が毎週土曜日にそこでテニスをしているんだ」は空所に入る疑問文に対する答えです。したがって、正解は③ Have you already been there?（もうそこに行った？）となります。

解答番号【6】：③　　⇒ 重要度A

　　　sometime soon：近いうちに　　Will you do me a favor?：お願いがあるのですが
　　　have been to A：Aに行ったことがある
　　　※ have been there ＝ have been to the new sports center

問4　オフィスでの対話です。Aさんが「おかえり、ハナ。旅行はどうだった？」とたずねると、Bさんは「すばらしかったけれど、長時間のフライトでくたくた」と答えます。それを聞いたAさんが「【空所】」とたずねると、Bさんは「ドリーム航空。飛行時間を除けば何もかもすばらしかったよ」と応じています。空所には疑問文が入りますから、空所の後の文つまり「ドリーム航空」という航空会社は空所に入る疑問文に対する答えです。したがって、正解は④ Which airline did you use?（どの航空会社を使ったの？）となります。

解答番号【7】：④　　⇒ 重要度A

　　　Welcome back to work.：（長期休暇や休職などで職場に戻ってきた人に対して）おかえりなさい　　make A X：AをX（の状態）にする　　How long ～?：どれくらい～か？

問5　博物館での対話です。Aさんが「申し訳ございませんが、カメラをしまっていただけますでしょうか？」とたずねると、Bさんが「すみません。何とおっしゃいました？　聞き取れなかったので」と答えます。Aさんが「【空所】カメラをしまってください」と言うと、それに対してBさんは「あっ、それは知りませんでした。どうもすみません」と応じています。Aさんがカメラをしまうよう伝えたものの、Bさんがそれを聞き取れず、ふたたび空所の直後で「カメラをしまってください」と述べていますから、カメラに関連する内容のことば、もっといえばカメラをしまう理由や事情を説明することばが空欄に入ることがわかります。したがって、正解は① Taking photos is not allowed here.（ここでの写真撮影は禁じられています）となります。

解答番号【8】：①　　⇒ 重要度A

　　　Could you ～?：～していただけますか？
　　　put A away [away A]：Aをしまう、片付ける　　take a photo：写真を撮る

3

問1　設問の英文は「私はプロのピアニストで、息子にもピアニストになってもらいたいと思っていました。しかしながら、息子が10歳のとき、【空所】に気が付きました。私が息子にピアノを教えることをやめると、すぐに息子はサッカーチームに入りました」とあります。空所の直前に wanted to とあり、この to の後には動詞の原形が続きますから、〈what he wanted to do〉（息子がしたいこと、息子が何をしたいか）というまとまりができます。また、選択肢の different と was と from から〈was different from〉というまとまりができます。残る選択肢の what は、先述した〈what he wanted to do〉というまとまりの構造にならって、空所の直後の語句とともに〈what I wanted him to do〉（私が息子にしてもらいたいこと、私が息子に何をしてもらいたいか）というまとまりをつくります。完成文は I realized that what he wanted to do was different from what I wanted him to do.（息子がしたいこ

とは私が息子にしてもらいたいことと異なることに気が付きました）となります。

解答番号【9】：④　【10】：⑤　⇒ 重要度 C

want A to do：Aに〜してもらいたい　want to do：〜したい　what：［先行詞を含む関係代名詞として］〜すること、〜するもの　※疑問詞の what として解釈できる場合もある。　shortly after：まもなくして、すぐに

問2　設問の英文は「多くの人々が筋肉を慣らすために運動する前にストレッチをするのは良いことだと信じています。しかしながら、いくつかの最近の研究により、【空所】がわかりました。その代わりに、専門家は、準備運動として早歩きをするあるいは簡単にジャンプするといった軽い運動を5分間から10分間行うよう、私たちに助言しています」とあります。助動詞 can は〈助動詞＋動詞の原形〉の語順になりますので、〈can damage〉というまとまりができ、何にダメージを与えるのかと考えれば〈can damage our muscles〉というまとまりができます。残る選択肢の this と doing は、空所の直前にある従位接続詞 that の後には文が続きますが、〈can damage our muscles〉の前に置かれる主語が欠けている状態ですから、doing を動名詞と判断して、〈doing this〉というまとまりをつくります。したがって、完成文は some recent studies have found that doing <u>this</u> can <u>damage</u> our muscles.（いくつかの最近の研究により、このようにストレッチを行うと筋肉を傷つけてしまう可能性があることがわかりました）となります。

解答番号【11】：③　解答番号【12】：②　⇒ 重要度 C

It is X (for A) to do：（Aが、Aにとって）〜することはXだ　find that 文：（研究や調査により）〜ということがわかる、明らかになる　advise A to do：Aに〜するよう忠告する、助言する　A such as B：AたとえばB、BのようなA、BといったA

問3　設問の英文は「"Never judge a book by its cover"（表紙で本を判断するな）は有名な英語のことわざです。このことわざは、【空所】人を判断すべきではないということを意味します。そうするのではなく、人柄や行動にもっと注意を払うべきです」とあります。〈based on A〉という慣用表現や〈how they look〉という表現についての知識がない場合は難しい問題といえます。もし〈based on A〉についての知識はあって、残る選択肢の they と how と look から間接疑問の構造を思い出すことができれば、〈how they look〉（人が［外見的に］どのように見えるか）というまとまりをつくることができます。したがって、完成文は we should not make a judgment about someone based <u>on</u> how <u>they</u> look.（外見に基づいて人を判断すべきではない）となります。

解答番号【13】：⑤　解答番号【14】：①　⇒ 重要度 C

Never judge a book by its cover.：外見で人や物を判断するな　make a judgment about A：Aについて判断を下す　based on A：Aに基づいて、Aに基づけば　how they look：外見　pay attention to A：Aに注意を払う

4

問1　2文目に For your final assignment, you will need to write a 3,000-word essay on any of the readings from this term.（最終課題として、今学期に読んだもののうちのどれかについて 3,000 語のエッセイを書かなければなりません）とあり、最終課題の話題が導入されています。これを受けて、3文目と4文目には The deadline to submit is June 10th at 11:59 p.m. No late papers will be accepted.（提出期限は6月10日の午後11時59分ま

でです。期限を過ぎた課題は一切受領しません）と課題の提出期限が伝えられています。したがって、正解は①「授業の課題について伝える」となります。

解答番号【15】：①　　⇒ **重要度A**

問2　1文目に In South Park High School, students are required to wear uniforms to school.（サウスパーク高校では、生徒は学校に制服を着て来なければなりません）とあり、制服についての話題が導入されています。これを受けて、2文目では制服についてジェンダーニュートラルつまり性別にとらわれないポリシーを導入したことにふれられ、その方針について3文目と4文目では男女に関係なくスカートをはいてもスラックスをはいてもよく、より快適だと思うほうを選んでくださいと具体的に説明がなされています。したがって、正解は②「学校の規則を説明する」となります。

解答番号【16】：②　　⇒ **重要度A**

　　be required to do：～しなければならない、～することを求められる
　　find A X：A が X だと思う、わかる

問3　2文目に Here are some tips to help you catch more fish.（より多くの魚を釣るうえで役立つコツがいくつかございます）とあり、魚釣りのコツの話題が導入されています。これを受けて、3文目以降では first（第一に），second（第二に），last（最後に）と3つのコツが挙げられています。具体的には、いろんな場所で釣りをしてみる、いろいろな時間帯に釣りをする、釣果を記録するというコツが述べられています。したがって、正解は④「魚釣りのコツを説明する」となります。

解答番号【17】：④　　⇒ **重要度A**

　　fishing port：漁港　　last but not least：最後ではあるが重要なのは

5

問1　設問の英文は「ビデオゲームで遊ぶことは世界中でとても人気があります。インターネット上でほかのプレイヤーといっしょに遊ぶのが好きな人もいれば、一人で遊ぶのが好きな人もいます。人気のゲーマーがゲームをするのを観て楽しむ人もいます。人々は【空所】な方法でビデオゲームを楽しんでいるのです」とあります。2文目と3文目の内容を考えてみると、こういう人もいればああいう人もいるし、はたまたこんな人もいると、それぞれ「異なる」ビデオゲームの楽しみ方を述べていることがわかります。したがって、正解は④ different（さまざまな）となります。

解答番号【18】：④　　⇒ **重要度A**

　　Some people ～（, while）others …：～する人もいれば、…する人もいる

問2　設問の英文は「回転寿司店は子どもの間でも大人の間でも人気があります。今ではますます多くの回転寿司店でタッチパネルが注文のためのツールとして用いられています。回転寿司レーンから食べ物を【空所】こともできます」とあります。空所を含む文の前の文において注文の手段が話題になっていることをふまえて、ベルトコンベヤーの上に乗って流れてくる食べ物をどうするのかと考えてみると、タッチパネルで注文するのではなくレーンから「取る」あるいは「選ぶ」のだとわかります。したがって、正解は① select（選ぶ）となります。

解答番号【19】：①　　⇒ **重要度A**

問3　設問の英文は「『大きければ大きいほど良い』という私の考えは、畳の日本の茶室を見てから変化しました。通例、日本の茶室は、非常に広々としていることの多い典型的な西洋様式のリビングよりもずっと狭いものです。（しかし）驚くべきことに、たった二畳か三畳ほどの広さしかなくとも、茶室では【空所】を感じることができるのです」とあります。1文目で「大きければ大きいほど良い」という考えが変わったと述べられていますから、西洋式の広くて大きなリビングに比べて狭くて小さな日本の茶室に対しても、プラスの感覚を抱くはずだと推測できます。これをふまえて、ふつう茶室においてはどのような感覚を抱くかと考えてみると、「安らぎ」を覚えるのだとわかります。したがって、正解は② comfort（安らぎ）となります。

問題番号【20】：②　　⇒ **重要度 B**

　　a lot：［比較級の前で用いられて］ずっと、たいそう

6

問1　設問文は「表によると、次の選択肢のうちのどれが正しいですか？」とありますので、解答の根拠は表から探します。①「コンビニの時給は2番目に高い」とありますが、Ranking of Popular Part-time Jobs and Average Hourly Wages at Aozora University（アオゾラ大学での人気アルバイトランキングと平均時給）の表の Average wage per hour（1時間当たりの平均時給）の列を見ると、Convenience store clerk（コンビニ店員）の時給は3番目に高いことがわかりますから、①は不正解です。②「レストラン店員はすべてのアルバイトのなか最も人気がない」とありますが、ランキングの表の Type of job（仕事の種類）の列を見ると、Restaurant staff は人気ランキングの4位であることがわかりますから、②は不正解です。③「学生の25％はアルバイトをしていない」とあります。Number of Days Aozora University Students Work per Week（アオゾラ大学の大学生における1週間当たりの勤務日数）の表の Number of days worked（勤務日数）の列を見ると、None つまり0日は25％となっていますので、③が正解です。④「5人の学生にひとりは週に5日から6日アルバイトをしている」とありますが、勤務日数の表の Number of days worked の列を見ると、5-6 days つまり5日から6日は10％であり、これは10人の学生にひとりがそうしているという計算になりますから、④は不正解です。

解答番号【21】：③　　⇒ **重要度 A**

問2　設問文は「この文章によると、タクヤとジュンについて、次の選択肢のうちのどれが正しいですか？」とありますので、解答の根拠は本文中から探します。①「2人は、大学に入学して以来、新聞の編集の手伝いをずっとしている」とありますが、1段落6文目にあるようにジュンがタクヤに大学新聞のある記事を見せたとあるだけで、編集の手伝いについての言及はないことから、①は不正解です。②「2人はアルバイトを通じて友達になった」とありますが、1段落5文目に Jun was Takuya's teammate on the basketball team in high school（ジュンは高校時代のバスケットボール部のチームメイトでした）とあるため、②は不正解です。③「2人とも大学の近くのカフェで働くことを決めた」とありますが、2段落5文目に As for Jun, he works part-time at a convenience store three days a week.（ジュンはというと、週に3日コンビニでアルバイトをしています）とあるため、③は不正解です。④「2人は高校時代からいっしょにバスケットボールをし続けている」とあります。1段落5文目にある Jun was Takuya's teammate on the basketball team in high school, and they still play basketball together once a week at the university.（ジュンは高校時代のバスケットボール部のチームメイトで、2人は今でも大学で週に一度いっしょにバスケットボールをしています）と内容が合致するので、④が正解です。

解答番号【22】：④ ⇒ **重要度A**

問3 設問文は「この文章によると、タクヤについて、次の選択肢のうちのどれが正しいですか？」とありますので、解答の根拠は本文中から探します。①「タクヤは自動車教習所に通うために（大学の）キャンパスで働きはじめた」とありますが、3段落1文目に After considering his options, Takuya decided to start working part-time at a supermarket near his apartment.（どの仕事を選ぶか検討したのち、タクヤは自分のアパートの近くにあるスーパーマーケットでアルバイトをはじめることに決めました）とあるため、①は不正解です。②「タクヤは自分のアパートの近くで良いアルバイトを見つけることができた」とあります。先に引用した3段落1文目から、タクヤが自宅の近くでスーパーマーケットのアルバイトを見つけたことがわかります。それが「良いアルバイト」であることは、3文目に thanks to the support of his co-workers, he thinks he will be able to continue working there.（同僚たちのおかげで、タクヤはここでなら働き続けられるだろうと思っています）とあることからわかりますので、②が正解です。③「タクヤは留学できるよう貯金する予定だった」とありますが、3段落5文目に He would like to save money so that he can go to a driving school to get a driver's license in the near future.（タクヤは近い将来に運転免許を取得するために自動車教習所に通うことができるよう、もっとお金を貯めたいと思っているのです）とあり、貯金の目的は自動車教習所に通うためであることがわかりますから、③は不正解です。④「タクヤはアルバイトであまりに忙しいので授業に出席できなかった」とありますが、3段落4文目に he is thinking of adding more days to his work schedule staring next month.（来月からの勤務予定表に［アルバイトの］日数を増やそうかと考えているところです）とあり、日数を増やそうかとしているところからアルバイトが学業に支障をきたしているとは考えられないため、④は不正解です。

解答番号【23】：② ⇒ **重要度A**

【全文訳】

　タクヤはアオゾラ大学の学生です。タクヤが大学で学びはじめてから半年が経ちました。大学での生活にも慣れて（以前よりも）自由な時間がもてるようになると、タクヤはアルバイトをはじめることについて考え出しました。それで、タクヤは同じ大学の3年生のジュンにアドバイスを求めました。ジュンは高校時代のバスケットボール部のチームメイトで、2人は今でも大学で週に一度いっしょにバスケットボールをしています。ジュンはタクヤにアルバイトを特集した大学新聞のある記事を見せてくれました。

　その記事は、アオゾラ大学の学生に人気のあるアルバイトとそれぞれの仕事の平均時給を紹介していました。カフェで働くことが最も人気のある仕事で、記事によると、それはカフェで働くスタッフの多くがほかの大学の学生であるため友達をつくりやすいからということでした。2番目に人気のある仕事は、ほかの仕事よりも時給が高いことから、家庭教師でした。ジュンはというと、週に3日コンビニでアルバイトをしています。ジュンは深夜に働いているため時給は高くなっています。

　どの仕事を選ぶか検討したのち、タクヤは自分のアパートの近くにあるスーパーマーケットでアルバイトをはじめることに決めました。タクヤは上々のスタートを切ることができて

います。時折、長時間立ちっぱなしであったり重い物を運んだりでくたびれはしますが、同僚たちのおかげで、タクヤはここでなら働き続けられるだろうと思っています。タクヤは今のところは週に一度アルバイトをしていますが、来月からの勤務予定表に日数を増やそうかと考えているところです。タクヤは近い将来に運転免許を取得するために自動車教習所に通うことができるよう、もっとお金を貯めたいと思っているのです。

7

問1　設問文は「週末にはカズは【空所】を楽しんでいます」とありますから、カズの週末の過ごし方が書かれている箇所つまり第1段落に解答の根拠があるはずです。①「自分のお父さんからサッカーのしかたを教わること」とあります。1段落3文目と4文目に He always has a good time when he goes there with his father on weekends. His father used to play soccer when he was a student, so Kazu can learn how to play it from him.（週末にはお父さんといっしょに公園に行って、いつも楽しく過ごしています。カズのお父さんはかつて学生時代にサッカーをしていたので、カズは自分のお父さんからサッカーのしかたを教わることができるのです）とありますので、①が正解です。②「自分のお母さんと公園に行くこと」、④「自分のチームメイトとサッカーをすること」とそれぞれありますが、先に引用した1段落3文目と4文目から、公園にいっしょに行くのは自分のお母さんではなくお父さんであり、いっしょにサッカーをするのもチームメイトではなく自分のお父さんであることがわかるため、②と④は不正解です。③「学校で新しいスポーツを試しにやってみること」とありますが、本文にはカズの学校生活についての言及はないことから、③は不正解です。

解答番号【24】：①　　⇒ **重要度A**

問2　設問文は「男の子は【空所】ので泣いていた」とありますから、カズたちが泣いている男の子と出会ったときのことが書かれている箇所つまり第2段落に解答の根拠があるはずです。選択肢は①「高い木から地面に落ちた」、②「公園で自分のお父さんを見つけることができなかった」、③「自分の親友とけんかした」、④「木からボールを取ることができなかった」とあります。2段落3文目から6文目に Kazu's father walked up to the boy and asked him what happened. The boy could not answer easily because he was crying. Instead, he pointed up at the tree branches. There was a baseball in the branches.（カズのお父さんはその男の子に歩み寄っていき、どうしたのかとたずねました。男の子は泣いていてなかなか答えませんでしたが、その代わりに木の枝を指さしました。木の枝のところには野球のボールがあったのです）とありますので、正解は④となります。

解答番号【25】：④　　⇒ **重要度A**

問3　設問文は「カズは、【空所】ので、お父さんが男の子を助けていたとき楽しくなかった」とありますから、カズのお父さんが男の子を助けようと行動を起こしてからのことが書かれている箇所つまり第2段落あるいは第3段落に解答の根拠があるはずです。選択肢は①「その男の子と野球をしたかった」、②「お父さんとサッカーをしたかった」、③「早く家に帰りたかった」、④「その男の子のために新しい野球のボールを買いたかった」とあります。2段落9文目と10文目に Kazu could not understand why his father was trying so hard to help the boy. Kazu wanted his father to leave the boy and come back to play soccer with him.（カズはお父さんがなぜこうも一生懸命になってその男の子を助けようとするのかが

理解できませんでした。カズはお父さんにその男の子のもとを離れて、戻ってきて自分といっしょにサッカーをしてほしかったのでした）とありますので、正解は②となります。

解答番号【26】：②　　⇒ ■重要度 A■

問4　設問文は「カズは【空所】を学んだ」とあります。最後の設問ですので、通例、最終段落に解答の根拠があると考えられます。選択肢は①「自分のお父さんは背が高い所に手が届くほど十分に背が高くあるべきだということ」、②「ボールを投げるときには注意すべきだということ」、③「人を幸せにすることが自分自身の幸せにつながり得ること」、④「小さな子どもに優しくすることによって安全な環境が生まれることがあること」とあります。4段落6文目に This experience taught Kazu that one can be happy by making others happy.（この経験から、他者を幸せにすることによって自分も幸せになることがあるのだとカズは学んだのでした）とありますので、正解は③となります。

解答番号【27】：③　　⇒ ■重要度 A■

【全文訳】
　カズは小学生です。カズはスポーツがとても好きで、サッカーをするために家の近くの公園によく行っていました。週末にはお父さんといっしょに公園に行って、いつも楽しく過ごしています。カズのお父さんはかつて学生時代にサッカーをしていたので、カズは自分のお父さんからサッカーのしかたを教わることができるのです。

　ある日曜日の午後、カズはいつものようにお父さんといっしょにサッカーをしに公園に行きました。（そのとき）突然、男の子の泣き声が耳に入りました。カズのお父さんはその男の子に歩み寄っていき、どうしたのかとたずねました。男の子は泣いていてなかなか答えませんでしたが、その代わりに木の枝を指さしました。木の枝のところには野球のボールがあったのです。カズのお父さんは、男の子の頭をなでて、何も言わずにうなずきました。カズのお父さんはカズのサッカーボールを使って野球のボールを当てて落とそうと何度も試みますが、そのボールはあまりに高いところにありました。カズはお父さんがなぜこうも一生懸命になってその男の子を助けようとするのかが理解できませんでした。カズはお父さんにその男の子のもとを離れて、戻ってきて自分といっしょにサッカーをしてほしかったのでした。

　カズのお父さんは、そうではなく、家に戻ってはしごをとってくることにしました。家は公園のすぐ近くでしたから、お父さんが行って帰ってくるまでそう時間はかからなかったでしょう。しかしながら、カズはこの小さな男の子がお父さんとの貴重な時間をむだにしている気がしてもっと腹が立ったのでした。まもなくして、カズのお父さんははしごだけでなく長い棒を持って戻ってきて、木の前にはしごを立て掛け、長い棒を使って枝の上にある野球のボールに手を伸ばしました。今度はなんとかボールを突っつくことができて、ボールは空中に飛び出しました。

　野球のボールが地面に落ちるとすぐに、男の子は駆け寄っていき、ボールを自分の胸にぎゅっと抱きしめました。今となっては男の子の目に涙はなく、それよりも男の子の顔には笑みが浮かんでいました。男の子を見て、カズのお父さんもまた笑みを浮かべていました。カズはようやく自分のお父さんがなぜあんなに一生懸命になっていたのか理解しました。カズは男の子が野球のボールを持って公園を離れていくのをじっと見ていました。この経験から、他者を幸せにすることによって自分も幸せになることがあるのだとカズは学んだのでした

令和5年度 第1回
高卒認定試験

英　語

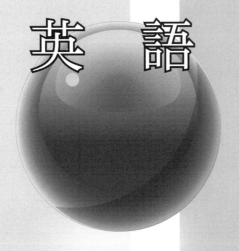

解答時間　50分

英　語

（解答番号　1　～　27　）

1　次の1から3までの対話において，下線を引いた語の中で最も強く発音されるものを，それぞれ ①～④のうちから一つずつ選びなさい。解答番号は　1　～　3　。

1　A : Would you like some coffee or tea?

　　B : I'd like some tea, please.

　　A : With milk or sugar?

　　B : Do you have honey by any chance?
　　　　①　②　③　　④

1

2　A : These flowers are very popular. Do you like them?

　　B : Yes. How long do they usually last?

　　A : Oh, they are plastic flowers.
　　　　　①　②　③　　④

　　B : Really? I thought they were real.

2

3　A : Hello, sir. How can I help you?

　　B : I'm looking for a tablet computer.

　　A : All right. These are the latest models just released a week ago.

　　B : I can't afford these. Could I see some older models?
　　　　　　　　　　　①　　②　　③　　④

3

令
和
5
年
度
第
1
回
試
験

2　次の1から5までの対話文の ◻ 内に入れるのに最も適当なものを，それぞれ①～④のう
ちから一つずつ選びなさい。解答番号は ◻4◻ ～ ◻8◻ 。

1　(In a movie theater)

A : Excuse me. ◻4◻

B : Oh, really? I thought this was 16D.

A : This is 15D. 16D is behind this seat.

B : I'm sorry. I'll move right away.

① 　I'm afraid this is my seat. ② 　I hope you'll enjoy the show.

③ 　I think the movie will start soon. ④ 　I'm sad popcorn is sold out.

2　(On the phone)

A : Mom, can you come to the station to pick me up?

B : I'm still at work. ◻5◻

A : Isn't he at work as well?

B : I don't think so. He said he would come home early today.

① 　What do you want your dad to do? ② 　How does your dad go there?

③ 　When doesn't your dad use his car? ④ 　Why don't you call your dad?

3　(In the classroom)

A : Can you see the words on the screen?

B : Mr. Lee, could you make it a little bigger?

A : ◻6◻ How about now?

B : Yes, that's perfect. Thank you.

① 　Of course not. ② 　Sure thing.

③ 　Don't mention it. ④ 　You're welcome.

4　（At home）

A : Tina, wake up!

B : Just five more minutes, Dad.

A : 　7　

B : Don't worry. I'll make it on time.

① You'll be misunderstood.

② You'll be sleepy in class.

③ You're going to miss the bus.

④ You're going to make breakfast.

5　（At an amusement park）

A : Hi, I'm wondering if my son can go on this ride.

B : If he is taller than this line on the wall, then he can.

A : What about his age?

B : 　8　　As long as he is tall enough, he'll be fine.

① That's also important.

② That's interesting.

③ It doesn't matter.

④ It couldn't be better.

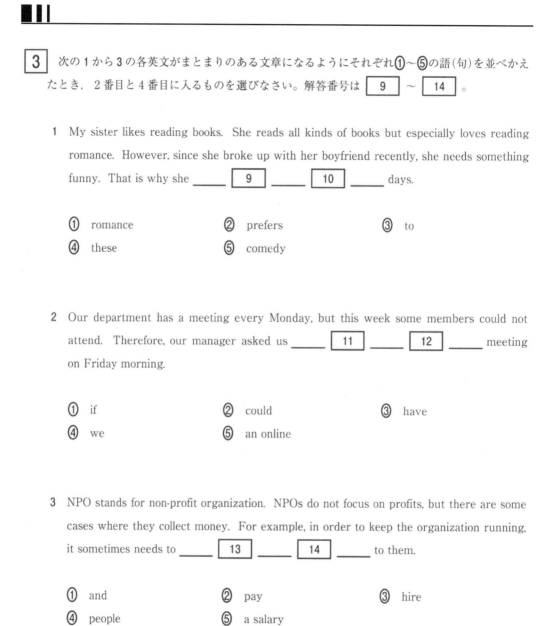

3 次の1から3の各英文がまとまりのある文章になるようにそれぞれ①〜⑤の語（句）を並べかえたとき，2番目と4番目に入るものを選びなさい。解答番号は 9 〜 14 。

令和5年度第1回試験

1 My sister likes reading books. She reads all kinds of books but especially loves reading romance. However, since she broke up with her boyfriend recently, she needs something funny. That is why she ＿＿＿ 9 ＿＿＿ 10 ＿＿＿ days.

① romance   ② prefers   ③ to
④ these   ⑤ comedy

2 Our department has a meeting every Monday, but this week some members could not attend. Therefore, our manager asked us ＿＿＿ 11 ＿＿＿ 12 ＿＿＿ meeting on Friday morning.

① if   ② could   ③ have
④ we   ⑤ an online

3 NPO stands for non-profit organization. NPOs do not focus on profits, but there are some cases where they collect money. For example, in order to keep the organization running, it sometimes needs to ＿＿＿ 13 ＿＿＿ 14 ＿＿＿ to them.

① and   ② pay   ③ hire
④ people   ⑤ a salary

4 次の1から3の各メッセージの送り手が意図したものとして最も適当なものを，それぞれ①~④のうちから一つずつ選びなさい。解答番号は　15　~　17　。

1　Welcome to Lakeside Campsite. Our quiet hours are from 10 p.m. to 6 a.m. Please do not make loud noises during these times so that everyone can have a relaxing time. Also, please remember to put out your campfire with water before you go to sleep.

① 草花の種類を説明する。　　　② 滞在時の注意事項を伝える。
③ 施設の利用を呼びかける。　　④ 車の移動をお願いする。

　15

2　Our latest air conditioner has many amazing functions. One of the newest and most popular functions is the ability to control your air conditioner from your smartphone using our app. Now, you can turn your air conditioner on right before coming home!

① スマートフォンの操作方法を説明する。　② エアコンの種類を説明する。
③ スマートフォンの購入方法を紹介する。　④ エアコンの機能を紹介する。

　16

3　There are many things you can do to prevent heatstroke. First, wear light clothing to help your body keep cool. Second, drink a lot of water with some salt. Third, when going outside, wear a hat or use a parasol to protect against direct sunlight.

① 熱中症の予防法を伝える。　　② 健康維持の秘訣を伝える。
③ 野外での活動を勧める。　　　④ 食生活の改善を勧める。

　17

5 次の1から3の各英文の ☐ 内に入れるのに最も適当なものを，それぞれ①〜④のうちから一つずつ選びなさい。解答番号は 18 〜 20 。

1 Life is just like driving a car. The destination on the map is 18 to your goal in life. Without a destination, you would not know where to drive. However, if you know where to go, you just have to find the route using a map. That is why it is important to have a goal.

① junior   ② similar   ③ familiar   ④ minor

2 Babysitting is a popular part-time job for teenagers in some countries. Babysitters watch small children for a few hours while the parents are gone. They read books, play games, and put the kids to sleep. It can be a good opportunity for teenagers to 19 how to take care of children.

① change   ② forget   ③ learn   ④ show

3 Decades of research on elephants has suggested that they are highly intelligent animals. Elephants are also believed to have a variety of 20 . For example, they express happiness by making loud noises when they greet each other or at the birth of a new baby.

① families   ② tools   ③ backgrounds   ④ emotions

6 次のグラフ及び英文を読み，1から3の質問の答えとして最も適当なものを，それぞれ①～④のうちから一つずつ選びなさい。解答番号は　21　～　23　。

A Survey on Esports

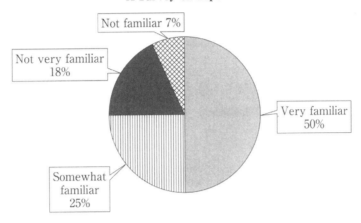

Not familiar 7%
Not very familiar 18%
Not very familiar 18%
Very familiar 50%
Somewhat familiar 25%

Kazuhiro's dream is to be a professional esports player in the future. Esports stands for electronic sports. It is a form of video game competition. Sometimes tournaments for money are held and many people watch them online. Kazuhiro's friends introduced him to esports a few years ago, and he quickly became one of the best players among his friends. He has also participated in many local esports tournaments with them, and their team always won first or second place. Because of this experience, he started thinking of becoming a professional esports player.

In one of his classes, Kazuhiro had to make a newsletter for his assignment. He decided to do a survey on esports. He found that some of his classmates were not familiar with esports. So, he thought he would try promoting it in his high school. He held an esports event for his classmates at school. He was not sure whether anyone would come to this event, but to his surprise, many students attended and enjoyed his workshop. He showed them some of the most famous video games in esports. He also gave them some advice on how to win. Finally, he did a live esports demonstration and played against a friend in another country.

After this, a lot of his classmates asked Kazuhiro about esports. He felt pleased and satisfied with what he did. Now, he not only wants to be a professional esports player, but also be a person who can promote it. Through esports, he has been able to make friends all over the world, and he wants to spread the joy to other people.

1   According to the pie chart, which of the following is true?

① Less than 50% of the students are familiar with esports.

② More than 90% of the students are not familiar with esports.

③ Twenty-five percent of the students are not familiar at all with esports.

④ Seventy-five percent of the students are familiar with esports.

`21`

2   According to the passage, which of the following is true about Kazuhiro?

① He wants to be a professional esports player.

② He wants to create a new video game in esports.

③ He has a negative image of esports.

④ He has already won a lot of money from playing esports.

`22`

3   According to the passage, which of the following is true about Kazuhiro?

① He got confused when his friends asked him questions about esports.

② He held an event to teach his classmates about esports at his school.

③ He was disappointed because not many people came to his workshop.

④ He learned about a professional esports player from his classmates.

`23`

7 次の英文を読み，1から4の □ 内に入れるのに最も適当なものを，それぞれ①～④のうちから一つずつ選びなさい。解答番号は □24□ ～ □27□ 。

Nagisa was a nurse who was working in Zimbabwe, a country in Africa. One day, she got an email from her old high school homeroom teacher, Mr. Tamai. He wanted to ask Nagisa to give his students a talk about what she was doing in Zimbabwe. Although Nagisa was hesitant at first because she always had a fear of public speaking, she felt this would be a good chance to tell students about the joy of working abroad and helping people in need.

The next time Nagisa went back to Japan, she visited Mr. Tamai's high school to speak with his students. She was very nervous, but to her relief, the students seemed to be very interested in her story. She talked about her job, her reasons for working in Zimbabwe, and both some good and bad things about working there. She shared her passion for helping others.

After the talk, one of the students came to talk to Nagisa. He said, "I would like to work abroad and help people in the future like you, but I don't know what kind of job I would be able to do. Do you have any advice for me?" Nagisa said, "I think, doing something you like is the key. Keep doing it, and doors will open for you."

(Ten years later)

One sunny day, a group of Japanese farmers visited the village where Nagisa was living. They came to teach local people how to grow plants and vegetables. People in the village were eager to learn from them. Then, the youngest member of the farmers' group came to talk to Nagisa and said, "Hi, do you remember me? You gave a talk at my school ten years ago. At that time, I liked growing plants and vegetables, but I didn't know how to use that to help others. You told me to keep doing what I liked and that has really opened doors for me to do what I'm doing now. Thank you." Hearing his words, Nagisa recognized who the young man was. She was surprised and pleased that her talk from ten years before was able to make a difference in this young man's life.

令和5年度第1回試験

1   Nagisa was [24]

① a high school teacher.

② afraid of public speaking.

③ scared of living abroad.

④ a doctor in Zimbabwe.

2   One thing Nagisa told Mr. Tamai's students was [25]

① why she chose to work in Zimbabwe.

② how she learned a new language.

③ when she went to a high school in Africa.

④ what she did to impress local people.

3   One of the students said he wanted [26]

① to be a kind nurse like Nagisa.

② to teach Japanese culture in Africa.

③ to open doors for other people.

④ to help people overseas.

4   Ten years after her talk, Nagisa [27]

① made an appointment to meet one of her old friends in Africa.

② became a farmer and taught local people how to grow vegetables.

③ met one of Mr. Tamai's students again.

④ gave a small talk in her high school again.

令和5年度 第1回
解答・解説

令和5年度 第1回 高卒認定試験

【 解 答 】

1	解答番号	正答	配点	2	解答番号	正答	配点	3	解答番号	正答	配点	4	解答番号	正答	配点
問1	1	④	4	問1	4	①	4	問1	9	⑤	4	問1	15	②	4
問2	2	③	4	問2	5	④	4		10	①		問2	16	④	4
問3	3	③	4	問3	6	②	4	問2	11	④	4	問3	17	①	4
-				問4	7	③	4		12	③		-			
-				問5	8	③	4	問3	13	④	4	-			
-									14	②		-			

5	解答番号	正答	配点	6	解答番号	正答	配点	7	解答番号	正答	配点
問1	18	②	4	問1	21	④	4	問1	24	②	5
問2	19	③	4	問2	22	①	4	問2	25	①	5
問3	20	④	4	問3	23	②	4	問3	26	④	5
-				-				問4	27	③	5
-				-				-			

【 解 説 】

問1　Aさんが「コーヒーか紅茶はいかがですか？」とたずねると、Bさんは「紅茶をお願いします」と答えます。それに対して、Aさんがさらに「ミルクかお砂糖は入れますか？」とたずねると、Bさんは「蜂蜜があったりはしませんよね？」と応じています。紅茶にミルクかお砂糖を入れるかとたずねるAさんに対して、Bさんは砂糖と同様に甘味を加える「蜂蜜」はないかと控えめにたずね返しています。ここから、「砂糖」（sugar）と対になる「蜂蜜」（honey）がAさんに最も伝えたい内容だとわかりますので、正解は④ honey となります。

解答番号【1】：④　　⇒ 重要度A

　　Would you like A?：Aはいかがですか？　　by any chance：ひょっとして、もしかして

問2　Aさんが「これらのお花はとても人気がありますが、いかがでしょう？」と言います。Bさんが「いいですね。これらのお花はふつうどれくらいもちますか？」とたずねると、Aさんは「あっ、こちらは造花なんですよ」と答えます。その答えに対して、Bさんは「本当ですか？　本物だと思っていました」と応じています。目の前にある花が実物（real flowers）ではないことに気付いていない状態で、通常どれくらいもつのかと問うBさんに対して、Aさんはこれらの花は「造花」だと訂正しています。ここから、「実物の（花）」（real [flowers]）と対になる「造り物の（花）」（plastic [flowers]）がBさんに最も伝えたい内容だとわかりますので、正解は③ plastic となります。

解答番号【2】：③　　⇒ 重要度Ａ

　　How long 〜？：どれくらい〜か？

　　last：[動詞として用いられて]（ある期間）続く、もつ

問3　Ａさんは「いらっしゃいませ」とＢさんに声を掛けます。Ｂさんが「タブレット型のコン
　　ピュータを探しているんです」と言うと、Ａさんは「かしこまりました。こちらは１週間前
　　に発売されたばかりの最新モデルです」と応じます。それに対して、Ｂさんは「最新モデル
　　を買う余裕はないです。（これらよりも）古いモデルを見せていただけますか？」とたずね
　　ています。１週間前に発売されたばかりの「最新」モデルを紹介するＡさんに対して、Ｂさ
　　んはそういったものを買うほどの余裕はないと答え、続いて下線部を含む文で「（これらよ
　　りも）古い」モデルを見せてもらえないかと頼んでいます。ここから、「最新の（モデル）」
　　（latest [models]）と対になる「より古い（モデル）」（older [models]）がＡさんに最も伝え
　　たい内容だとわかりますので、正解は③ older となります。

解答番号【3】：③　　⇒ 重要度Ａ

　　How can I help you?：いらっしゃいませ　　look for A：Aを探す

　　can afford A：（金銭的あるいは時間的に）Aを持つことができる余裕がある

2

問1　映画館での対話です。Ａさんが「すみません。【空所】」とＢさんに声を掛けると、Ｂさ
　　んは「えっ、本当ですか？　ここは16Dだと思っていました」と言います。それに対して、
　　Ａさんが「ここは15Dですね。16Dはこの座席の後ろですよ」と言うと、Ｂさんは「申し
　　訳ない。すぐに移動します」と応じています。Ａさんから声を掛けられたＢさんが、ここが
　　16Dの座席だと思っていたと答えると、Ａさんは「16Dはこの座席の後ろですよ」とＢさ
　　んに伝えていることから、空所には座る席を間違っていることを伝える内容のことばが入る
　　事が分かります。したがって、正解は① I'm afraid this is my seat.（ここは私の座席のよ
　　うなのですが）となります。

解答番号【4】：①　　⇒ 重要度Ａ

　　right away：すぐに　　I'm afraid (that) 文：すみませんが〜、残念ながら〜

　　be sold out：売り切れである

問2　電話での対話です。Ａさんが「お母さん、駅に私を迎えに来てもらえる？」とたずねると、
　　Ｂさんは「まだ会社にいるの。【空所】」と答えます。それを聞いたＡさんが「お父さんも会
　　社にいるんじゃない？」とたずねると、Ｂさんは「いないと思うよ。今日は早く帰るって言っ
　　ていたから」と応じています。空所には疑問文が入りますから、空所の後の文つまり「お父
　　さんも会社にいるんじゃない？」は空所に入る疑問文に対する答えです。したがって、正解
　　は④ Why don't you call your dad?（お父さんに電話してみたらどう？）となります。

解答番号【5】：④　　⇒ 重要度Ｂ

　　pick A up [up A]：Aを迎えに行く　　be at work：職場（会社）にいる

　　as well：〜もまた　　want A to do：Aに〜してもらいたい

　　Why don't you do?：〜したらどうか？

問３　教室での対話です。Ａさんが「スクリーン上の文字が見えますか？」とたずねると、Ｂさんは「リー先生、もうすこし大きくしていただけますか？」と言います。それに対してＡさんが「【空所】今はどうですか？」と言うと、Ｂさんは「はい、問題ないです。ありがとうございます」と応じています。空所の前の文は「リー先生、もうすこし大きくしていただけますか？」という依頼を表す疑問文ですから、空所にはそれに対する答えが入ります。したがって、正解は② Sure thing.（もちろんです）となります。文字を大きくしてもらえるかという依頼を承知したことを受けて、空所の直後で「今はどうですか？」とたずねているわけです。

解答番号【6】：②　　⇒ **重要度Ａ**

　　Sure thing.：もちろん、いいとも、わかりました
　　Don't mention it.：どういたしまして（＝ You're welcome.）

問４　家での対話です。Ａさんが「ティナ、起きなさい！」と声を掛けると、Ｂさんは「あと５分だけ、お父さん」と答えます。それを聞いたＡさんが「【空所】」と言うと、Ｂさんは「だいじょうぶ。間に合わせるから」と応じています。Ｂさんは空所の前の文で「もう５分だけ」（Just five more minutes）と述べ、Ａさんの空所のことばを受けて、「だいじょうぶ。間に合わせるから」（Don't worry. I'll make it on time.）と伝えていることから、空所には何かの時間に間に合わなくなるという内容のことばが入ることがわかります。したがって、正解は③ You're going to miss the bus.（バスに乗り遅れてしまうよ）となります。

解答番号【7】：③　　⇒ **重要度Ａ**

　　X more minute(s)：あとX分、もうX分
　　make it on time：（乗り物などの時間に）間に合う

問５　遊園地での対話です。Ａさんが「すみません、息子はこの乗り物に乗られるかしら」と声を掛けると、Ｂさんは「お子さんがこの壁のラインよりも背が高ければ、乗ることができます」と答えます。それを聞いたＡさんが「年齢についてはどうですか？」とたずねると、Ｂさんは「【空所】この背の高さに達していさえすれば、だいじょうぶですよ」と応じています。空所の前の文は「年齢についてはどうですか？」という疑問文ですから、空所にはそれに対する答えが入りますが、一定の身長に達していればだいじょうぶだという空所の直後の文の内容もふまえて正しい選択肢を選ぶ必要があります。したがって、正解は③ It doesn't matter.（問題ありませんよ）となります。

解答番号【8】：③　　⇒ **重要度Ｂ**

　　wonder if 文：〜かしら［〜かな］（と思う）　What about A：Aについてはどうか？
　　as long as 文：〜さえすれば、〜である限り
　　It doesn't matter.：大したことではない、問題ではない
　　couldn't be better：これ以上良いことはあり得ない（最高だ、最も良い）

3

問１　設問の英文は「私の姉は本を読むのが好きです。姉はあらゆる種類の本を読みますが、とくに恋愛小説を読むのが大好きです。しかしながら、最近、姉は彼氏と別れたので、何か面白おかしいものを必要としています。こういうわけで、姉は【空所】」とあります。動詞 prefer には〈prefer A to B〉（BよりAのほうを好む）という用法がありますが、この用法

についての知識がない場合は難しい問題といえます。彼氏と最近別れたという事情と面白お
かしいものを欲していることをふまえて、romance と comedy のどちらを好むかと考えると、
〈prefers comedy to romance〉というまとまりができます。したがって、完成文は That is
why she prefers <u>comedy</u> to <u>romance</u> these days.（こういうわけで、姉は恋愛小説よりも喜
劇のほうを近頃は好んでいます）となります。

　　解答番号【9】：⑤　解答番号【10】：①　⇒ 重要度 C

　　　break up with A：A と別れる　That is why 文：こういうわけで〜

　　　prefer A to B：B より A のほうを好む　these days：近頃は、この頃は

問2　設問の英文は「私たちの部署では毎週月曜日にミーティングを行っていますが、今週は出
　　席できなかった社員がいました。それで、部長は私たちに金曜日の午前中に【空所】」とあ
　　ります。動詞 ask には〈ask (A) if 文〉（［A に］〜かどうかたずねる）という用法がありま
　　すが、この用法についての知識がない場合はやや難しい問題といえます。しかし、従位接続
　　詞 if の後には文が続くという知識があれば、また 1 文目の〈has a meeting〉という表現を
　　参考にすれば、選択肢と空所の後に続く語句とともに〈if we have an online meeting〉と
　　いうまとまりをつくることができます。残る選択肢の助動詞 could は〈助動詞＋動詞の原形〉
　　の語順になりますので、動詞 have の前に置くことになります。したがって、完成文は our
　　manager asked us if <u>we</u> could <u>have</u> an online meeting on Friday morning.（部長は私たち
　　に金曜日の午前中にオンラインミーティングを行えるかどうかたずねました）となります。

　　解答番号【11】：④　解答番号【12】：③　⇒ 重要度 B

　　　have a meeting：会議がある、会議を開く

　　　ask (A) if [whether] 文：(A に) 〜かどうかたずねる

問3　設問の英文は「NPO は非営利組織（non-profit organization）の略称です。NPO は利益
　　に重点をおきませんが、資金を集めるケースもあります。たとえば、組織の運営を維持する
　　ために、ときに【空所】必要があるからです」とあります。まず、選択肢の pay と a salary
　　から〈pay a salary〉というまとまりができ、また動詞 pay には〈pay B to A〉という用法
　　がありますので、空所の後の語句とともに〈pay a salary to them〉というまとまりができます。
　　次に、選択肢の hire と people から〈hire people〉というまとまりができます。残る選択肢
　　の等位接続詞 and は上記 2 つのまとまりを等しくつなぎますので、動詞 pay の前に置くこと
　　になります。したがって、完成文は it sometimes needs to hire <u>people</u> and <u>pay</u> a salary to
　　them.（[NPO は] ときに人を雇ってその人に賃金を支払う必要があるからです）となります。

　　解答番号【13】：④　解答番号【14】：②　⇒ 重要度 B

　　　stand for A：A を表す、A の略である　a case where 文：〜するケース、〜する場合

　　　need to do：〜する必要がある　pay B to A（＝ pay A B）：A に B を支払う

4

問1　1 文目に Welcome to Lakeside Campsite.（レイクサイドキャンプ場へようこそ）とあ
　　り、キャンプ場の話題が導入されています。これを受けて、2 文目と 3 文目には Our quiet
　　hours are from 10 p.m. to 6 a.m. Please do not make loud noises during these times so
　　that everyone can have a relaxing time.（当キャンプ場では午後 10 時から午前 6 時までは
　　「クワイエットアワー（静かな時間）」としております。すべての方がゆったりとした時間を

過ごすことができるよう、この時間帯は大きな音をたてないようお願い申し上げます）と、キャンプ場を利用する際の注意事項が述べられています。したがって、正解は②「滞在時の注意事項を伝える」となります。

解答番号【15】：② ⇒ **重要度A**

  remember to do：忘れずに〜する put A out [out A]：Aを消す
  so that 文：〜するように、〜するために go to sleep：寝る

問2 1文目に Our latest air conditioner has many amazing functions.（当社の最新のエアコンにはすばらしい機能がたくさんあります）とあり、エアコンの機能の話題が導入されています。これを受けて、2文目には One of the newest and most popular functions is the ability to control your air conditioner from your smartphone using app.（最新かつ最も人気のある機能のうちのひとつは、アプリを利用してスマートフォンからエアコンを操作できることです）と、具体的にエアコンの機能が紹介されています。したがって、正解は④「エアコンの機能を紹介する」となります。

解答番号【16】：④ ⇒ **重要度A**

  ability to do：〜する能力、〜できること using A：Aを使って
  app.（＝ application）：アプリ turn A on [on A]：Aをつける、スイッチを入れる
  right before A：Aの直前に

問3 1文目に There are many things you can do to prevent heatstroke.（熱中症を防ぐためにできることはたくさんあります）とあり、熱中症対策の話題が導入されています。これを受けて、2文目以降では first（第一に），second（第二に），third（第三に）と3つの対策法が挙げられています。具体的には、身体を涼しく保てるよう薄着をする、塩分を含むもので水分補給をしっかりすること、屋外に行く際は太陽の光を直接浴びないよう日傘や帽子を使うことが述べられています。したがって、正解は①「熱中症の予防法を伝える」となります。

解答番号【17】：① ⇒ **重要度A**

  There is [are] A：Aがある、いる protect against A：Aを防ぐ

5

問1 設問の英文は「人生は車を運転することによく似ています。（たとえば）地図上の目的地は人生における目標に【空所】。もし目的地がなければ、どこに運転していけばいいのかわからないでしょう。しかしながら、行き先がわかっていれば、地図を使ってただその経路を見つけさえすればよいことになります。こういうわけで目標をもつことが大事なのです」とあります。1文目では人生を車の運転にたとえていることをふまえて、2文目の人生における目標と車の運転における地図上の目的地がどのような関係を考えてみると、同じような位置付けにあるものだとわかります。したがって、正解は② similar（似ている）となります。

解答番号【18】：② ⇒ **重要度A**

  be similar to A：Aに似ている just [only] have to do：〜しさえすればよい

問2 設問の英文は「子守りは、いくつかの国においては、ティーンエイジャーに人気のあるアルバイトです。ベビーシッターは、親の留守中に、数時間ほど小さな子どもの面倒を見ます。（たとえば）本を読んだり、ゲームをしたり、子どもを寝かしつけたりします。子守りとい

うのはティーンエイジャーが子どもの世話のしかたを【空所】いい機会かもしれません」と
あります。ティーンエイジャーにとって子守りがどのような機会になるのかと考えてみる
と、子ども世話のしかたを「学ぶ」機会になり得るのだとわかります。したがって、正解は
③ learn（学ぶ）となります。

解答番号【19】：③　　⇒ 重要度A

　　　put A to sleep：Aを寝かしつける　take care of A：Aの世話をする、Aの面倒を見る

問3　設問の英文は「何十年にもわたる象に関する研究により、象が高度に知的な動物であるこ
とが示唆されています。また、象にはさまざまな【空所】があると信じられています。たと
えば、象は、互いにあいさつを交わしたとき、あるいは赤ちゃんが生まれたときには、大き
な音をたてることによって喜びを表現します」とあります。3文目の冒頭には for example
とありますから、3文目では2文目の内容が具体的に述べられているはずです。3文目の内
容は、かいつまんでいえば喜びを表現するということですから、喜びを抽象的に言い換えた
ことばが空所に入ることがわかります。したがって、正解は④ emotions（感情）となります。

解答番号【20】：④　　⇒ 重要度B

　　　decades of A：何十年にもわたるA
　　　be believed to do：～すると信じられている、思われている
　　　a variety of A：さまざまなA　make loud noises：大きな音をたてる

6

問1　設問文は「円グラフによると、次の選択肢のうちのどれが正しいですか？」とありますの
で、解答の根拠は円グラフから探します。①「eスポーツになじみがあるのは、生徒のうち
の50％に満たない」とありますが、円グラフを見ると、Very familiar（非常になじみがあ
る）の割合とSomewhat familiar（ややなじみがある）の割合の合計は75％となりますから、
①は不正解です。②「90％よりも多くの生徒がeスポーツになじみがない」とありますが、
円グラフを見ると、Not familiar（なじみがない）の割合とNot very familiar（あまりなじ
みがない）の割合を足してみても合計で25％ですから、②は不正解です。③「生徒の25％
はeスポーツにまったくなじみがない」とありますが、円グラフを見ると、Not familiar の
割合は7％となっていますから、③は不正解です。④「生徒の75％がeスポーツになじみ
がある」とあります。先述したように Very familiar の割合と Somewhat familiar の割合を
合計すると75％になりますので、④が正解です。

解答番号【21】：④　　⇒ 重要度A

問2　設問文は「この文章によると、カズヒロについて、次の選択肢のうちのどれが正しいです
か？」とありますので、解答の根拠は本文中から探します。①「カズヒロはeスポーツの
プロ選手になりたいと思っている」とあります。1段落1文目にある Kazuhiro's dream is
to be a professional esports player in the future.（カズヒロの夢は、将来eスポーツのプ
ロ選手になることです）と内容が合致するので、①が正解です。②「カズヒロはeスポーツ
の新しいビデオゲームを開発したいと思っている」とありますが、本文にはゲーム制作につ
いての言及がないことから、②は不正解です。③「カズヒロはeスポーツにネガティブなイ
メージをもっている」とありますが、先述のように本文冒頭にカズヒロの夢はeスポーツの
プロ選手になることだとあり、ここからネガティブなイメージをもってはいないことがわか

るため、③は不正解です。④「カズヒロはすでに e スポーツをプレイすることにより大金を得ている」とありますが、1 段落 6 文目に He has also participated in many local esports tournaments with them, and their team always won first or second place.（また、カズヒロは友達といっしょに地元の e スポーツトーナメントにたくさん参加したことがあるのですが、決まってカズヒロたちのチームは優勝か準優勝しました）とあるだけで、トーナメントなどの賞金についての言及はないことから、④は不正解です。

解答番号【22】：①　⇒ 重要度Ａ

問3　設問文は「この文章によると、カズヒロについて、次の選択肢のうちのどれが正しいですか？」とありますので、解答の根拠は本文中から探します。①「カズヒロは e スポーツについて友人たちから質問を受けたときとまどった」とありますが、3 段落 1 文目と 2 文目に After this, a lot of his classmates asked Kazuhiro about esports. He felt pleased and satisfied with what he did.（このイベントの後、たくさんのクラスメイトがカズヒロに e スポーツのことをたずねてきました。カズヒロは自分の行ったことに喜びと満足感を感じました）とあり、むしろ質問を受けてプラスの感情を抱いたことがわかるため、①は不正解です。②「カズヒロは学校でクラスメイトたちに e スポーツについて教えるためにイベントを開催した」とあります。2 段落 4 文目と 5 文目にある he thought he would try promoting it in his high school. He held an esports event for his classmates at school.（試しに学校内で e スポーツを広めてみようと考え、クラスメイトたちのために e スポーツのイベントを学校で開催しました）と内容が合致するので、②が正解です。③「カズヒロは自分のワークショップにあまり多くの人が来なかったのでがっかりした」とありますが、2 段落 6 文目に to his surprise, many students attended and enjoyed his workshop.（驚いたことにたくさんの生徒たちが参加し、カズヒロのワークショップを楽しんでくれました）とあるため、③は不正解です。④「カズヒロはクラスメイトたちから e スポーツのプロ選手について学んだ」とありますが、3 段落 1 文目に After this, a lot of his classmates asked Kazuhiro about esports.（このイベントの後、たくさんのクラスメイトがカズヒロに e スポーツのことをたずねてきました）とあり、カズヒロのほうが e スポーツについてクラスメイトに教える側の立場であることがわかるため、④は不正解です。

解答番号【23】：②　⇒ 重要度Ａ

【全文訳】
　カズヒロの夢は、将来 e スポーツのプロ選手になることです。e スポーツはエレクトロニック・スポーツの略称で、一種のビデオゲームを使った競技です。時折、賞金のあるトーナメントが開催され、多くの人々がトーナメントをオンライン上で観戦します。数年前に、彼の友人たちがカズヒロに e スポーツを初めて教えてくれたのですが、すぐにカズヒロは友人たちのなかでも最もうまいプレイヤーの一人になりました。また、カズヒロは友達といっしょに地元の e スポーツトーナメントにたくさん参加したことがあるのですが、決まってカズヒロたちのチームは優勝か準優勝しました。こうした経験から、カズヒロは e スポーツのプロ選手になることを考えはじめたのです。
　カズヒロが受けている授業のひとつで、カズヒロは課題としてニューズレターをつくらなければならず、e スポーツについて調査をすることに決めました。（その調査によって）カズヒロはクラスメイトのなかには e スポーツになじみがない人がいることがわかりました。それで、試しに学校内で e スポーツを広めてみようと考え、クラスメイトたちのために e スポーツのイ

ベントを学校で開催しました。カズヒロは人がこのイベントに来てくれるかどうか自信はありませんでしたが、驚いたことにたくさんの生徒たちが参加し、カズヒロのワークショップを楽しんでくれました。カズヒロは参加者たちにeスポーツの世界で最も有名なビデオゲームのいくつかを見せ、勝ち方についてのアドバイスもしました。最後に、その場でeスポーツの実演を行い、他国の友人と対戦プレイをしました。

　このイベントの後、たくさんのクラスメイトがカズヒロにeスポーツのことをたずねてきました。カズヒロは自分の行ったことに喜びと満足感を感じました。今は、カズヒロはeスポーツのプロ選手だけでなくeスポーツを広めることができる人にもなりたいと思っています。eスポーツを通じてカズヒロは世界中に友人をつくることができたので、ほかの人にもこの喜びを広めたいと思っているのです。

注：eスポーツ（electronic sports）とは、オンラインゲームやビデオゲームなどを使った対戦を一種の競技として捉える際の名称です。

7

問1　設問文は「ナギサは【空所】」とあります。設問文から得られる情報は少ないですが、通例、最初の設問は第1段落に解答の根拠があります。①「高校の先生であった」、④「ジンバブエの医者であった」とそれぞれありますが、1段落1文目に Nagisa was a nurse who was working in Zimbabwe（ナギサはジンバブエで働いていた看護師でした）とあるため、①と④は不正解です。②「人前で話をするのがこわかった」とあります。1段落4文目に she always had a fear of public speaking（ナギサはいつも人前で話をすることに不安を覚えた）とありますので、②が正解です。③「海外で暮らすことがこわかった」とありますが、本文にはナギサが海外生活に対して抱いていた感情についての言及はないことから、③は不正解です。

　　解答番号【24】：②　　⇒ 重要度Ａ

問2　設問文は「ナギサがタマイ先生の生徒に話したことのひとつは【空所】」とありますから、ナギサがタマイ先生の高校を訪れて話をしたときのことが書かれている箇所つまり第2段落あるいは第3段落に解答の根拠があるはずです。選択肢は①「なぜジンバブエで働くことを選んだかということであった」、②「どのようにして新しい言語を習得したかということであった」、③「いつアフリカの高校に通ったのかということであった」、④「その土地の人に良い印象を与えるために何を行ったかということであった」とあります。2段落3文目に She talked about her job, her reasons for working in Zimbabwe, and both some good and bad things about working there.（ナギサは自分の仕事やジンバブエで働いていた理由、ジンバブエで働くことの良し悪しについて話しました）とありますので、正解は①となります。

　　解答番号【25】：①　　⇒ 重要度Ａ

問3　設問文は「生徒のうちの一人は【空所】たいと思っていると言った」とありますから、ナギサに話し掛けた生徒の発言が書かれている箇所つまり第3段落に解答の根拠があるはずです。選択肢は①「ナギサのように優しい看護師になり」、②「アフリカで日本文化を教え」、③「人のために道を開き」、④「海外で人を手助けし」とあります。ナギサのもとに話しにやってきた生徒は、3段落2文目にあるように I would like to work abroad and help people in the future like you（あなたのように将来は海外で働いて人を手助けしたいと思っています）と述べていますので、正解は④となります。

　　解答番号【26】：④　　⇒ 重要度Ａ

問4　設問文は「ナギサが話をしてから10年後、ナギサは【空所】」とあります。第3段落と最終段落の間に（Ten years later）つまり10年後とありますので、最終段落に解答の根拠があるはずです。選択肢は①「アフリカで旧友の一人に会う約束をした」、②「農場経営者になって、その土地の人に野菜の栽培のしかたを教えた」、③「タマイ先生の生徒の一人に再会した」、④「母校で再度ちょっとした話をした」とあります。第4段落は、ナギサの住んでいた村に日本の農場経営者の一団がやってきたところからはじまります。彼らはその土地の人に植物や野菜の栽培方法を教えるためにやってきたのでした。その際に、その一団の最年少の一人がナギサに話し掛けるのですが、この若者はナギサがタマイ先生の高校で話をしたときにそれを聴いていた生徒だったのです。そのことは、たとえば、4文目と5文目でナギサに対して Hi, do you remember me?　You gave a talk at my school ten years ago.（こんにちは、私のことを覚えていますか？　10年前に私がいた高校で話をしてくれましたよね）と述べていることからわかります。したがって、正解は③となります。

解答番号【27】：③　　⇒ 重要度A

【全文訳】

　ナギサはアフリカの国であるジンバブエで働いていた看護師でした。ある日、ナギサはかつて高校の担任であったタマイ先生から一通のメールを受け取りました。タマイ先生は、生徒たちにナギサがジンバブエで行っていたことについての話をしてくれるようナギサに頼みたかったのでした。ナギサは、いつも人前で話をすることに不安を覚えたので最初は気が進みませんでしたが、海外で働いて困っている人を手助けする喜びについて生徒たちに伝えるいい機会になるだろうと感じました。

　次にナギサが日本に帰国したとき、ナギサは生徒たちと話すためにタマイ先生の高校を訪れました。ナギサはとても緊張していましたが、ほっとしたことに、生徒たちはナギサの話に非常に興味があるようでした。ナギサは自分の仕事やジンバブエで働いていた理由、ジンバブエで働くことの良し悪しについて話しました。ナギサは他者を手助けすることに対する情熱を伝えたのでした。

　その話のあとで、生徒のうちの一人がナギサのところに話しにやってきました。その生徒は「あなたのように将来は海外で働いて人を手助けしたいと思っていますが、自分にはどのような仕事ができるのかわかりません。何かアドバイスはありませんか？」と言いました。ナギサはこう言いました、「私が思うに、あなたが好きなことをすることが鍵ですね。その好きなことを続けてみてください。そうすれば、道は開けるでしょう」と。

　（その10年後）

　ある晴れた日に、日本の農場経営者たちのグループがナギサの住んでいた村を訪れました。彼らは植物や野菜の栽培のしかたをこの地の人たちに教えに来たのでした。村の人たちは彼らに学ぼうと熱心でした。そのとき、グループのうちで最年少の一員がナギサのところに話しにやってきて、「こんにちは、私のことを覚えていますか？　10年前に私がいた高校で話をしてくれましたよね。当時、私は植物や野菜を育てることが好きでしたが、そのことを人を助けることにどう利用したらよいのかわからずにいました。あなたは自分の好きなことを続けるよう私に言ってくれました。自分の好きなことを続けていたら、今（ここで）していることをする道が本当に開けたのです。ありがとうございました」と言いました。彼のことばを聞いて、ナギサはこの若者が誰なのかがわかりました。ナギサは、10年前に自分が話したことがこの若者の人生に変化をもたらすことができたことに驚きつつも喜んだのでした。

令和4年度 第2回
高卒認定試験

英　語

解答時間　50分

英　　　語

（解答番号　1　～　27　）

1　次の1から3までの対話において，下線を引いた語の中で最も強く発音されるものを，それぞれ①～④のうちから一つずつ選びなさい。解答番号は　1　～　3　。

1　A：Dad's birthday is coming up soon.　We should get him different presents.

　　B：I'm getting him a tie.　What <u>are</u> <u>you</u> <u>getting</u> <u>him</u>?
　　　　　　　　　　　　　　　①　②　③　④

　　A：I am thinking of getting him some wine.

　　B：Sounds good!

　　　　　　　　　　　　　　　　　　　　　　　　　　　　　1

2　A：Hi, Tom.　Nice shirt.　Where did you get it?

　　B：Thanks!　I got this at North Mall.

　　A：Did you buy it at the big sale last weekend?

　　B：No, <u>I</u> <u>bought</u> <u>it</u> <u>yesterday</u>.
　　　　　①　②　③　④

　　　　　　　　　　　　　　　　　　　　　　　　　　　　　2

3　A：Excuse me.

　　B：Yes, how can I help you?

　　A：Does this train go to Midori Station?

　　B：No, it <u>goes</u> <u>to</u> <u>Chuo</u> <u>Station</u>.　Trains to Midori Station leave from Platform 3.
　　　　　　　①　②　③　④

　　　　　　　　　　　　　　　　　　　　　　　　　　　　　3

55

2 次の１から５までの対話文の 〔　　〕 内に入れるのに最も適当なものを，それぞれ①〜④のうちから一つずつ選びなさい。解答番号は 4 〜 8 。

1 （At a shop）

A : Hello, may I help you?

B : Can I try on this sweater?

A : Of course. 4

B : OK. Thank you very much.

① The fitting room is over there. ② I want a different color.

③ We don't have a smaller size. ④ There's no discount.

2 （In a classroom）

A : Did we have any homework for today's French class?

B : Yes. We had to write an essay about our favorite place.

A : Oh no, 5

B : It's just a paragraph. You can do it right now.

① I did all the problems! ② I completely forgot!

③ I've never been there. ④ I don't like reading.

3 （In an airplane）

A : Would you like something to drink?

B : Yes. 6

A : Orange juice, apple juice, black tea, green tea, and coffee.

B : I'll have green tea, please.

① What do you have? ② Do you have some drinks?

③ Are you thirsty? ④ What should I do?

4　(At home)

A：Mom, I need some colored paper for my art project.

B：Oh, I'm afraid 　7　

A：Can we go to the arts and crafts store and buy some this afternoon?

B：Sure, no problem.

① we bought a lot.　　② we don't have any.

③ you can draw on it.　　④ you won't like it.

5　(At a hotel)

A：Excuse me. Do you know a good place for lunch near here?

B：Yes, you should try "Piace." They make the best pizza.

A：Great, I love pizza. 　8　

B：It's just a five-minute walk.

① How often do you go there?　　② Which days are they open?

③ How far is it from here?　　④ What do you recommend?

3 次の1から3の各英文がまとまりのある文章になるようにそれぞれ①～⑤の語(句)を並べかえたとき，2番目と4番目に入るものを選びなさい。解答番号は 9 ～ 14 。

1 My family moved around a lot because of my parents' work. If I won the lottery, I _____
9 _____ 10 _____ all the places where we used to live. I hope my old friends
will still remember me.

 ① to   ② that money   ③ would

 ④ visit   ⑤ use

2 We are working hard to make our city safer. One idea is to install security cameras
everywhere. The _____ 11 _____ 12 _____ in the city, the less crimes we
will have.

 ① cameras   ② have   ③ security

 ④ we   ⑤ more

3 A kingfisher is a brightly-colored bird which has a large head and a long beak. Because
of these features, it can dive into the water and catch fish silently. Interestingly, _____
13 _____ 14 _____ for the design of the Japanese bullet train.

 ① was   ② the shape   ③ its face

 ④ of   ⑤ used

4 次の１から３の各メッセージの送り手が意図したものとして最も適当なものを，それぞれ①～④のうちから一つずつ選びなさい。解答番号は　15　～　17　。

1 Do you want to make your teeth whiter and stronger? Do you want your mouth to feel fresh and clean every day? Then, try the new XY White! Just brush your teeth thoroughly twice a day with this toothpaste for a brighter smile!

① 歯科医について尋ねる。　② 歯磨き粉を宣伝する。
③ 歯磨き粉の研究結果を報告する。　④ 歯科医の予約を取る。

15

2 When learning English, many people have trouble memorizing new vocabulary. One way to solve this problem is to read novels. In a novel, the same words and phrases tend to appear repeatedly. Thus, learners will have more chances to come across the same words and get used to them.

① 英単語の覚え方を紹介する。　② 文章の書き方について説明する。
③ 英語の小説を紹介する。　④ 読書の楽しみについて説明する。

16

3 Welcome to the ABC Gym swimming pool. All swimmers are supposed to wear a swimming cap. Since this is a sports gym, please refrain from using a swim ring or a beach ball in the swimming pool. We appreciate your cooperation.

① プールの開業を知らせる。　② 水泳教室の開講を知らせる。
③ ジムの利用料金を知らせる。　④ 施設利用上の留意点を知らせる。

17

5 次の1から3の各英文の □ 内に入れるのに最も適当なものを，それぞれ①〜④のうちから一つずつ選びなさい。解答番号は 18 〜 20 。

1 Therapy dogs are trained to provide comfort and emotional support to people. They go to various places such as schools, hospitals, and nursing homes. They help children who have a 18 time at school or elderly patients in nursing homes.

① valuable ② normal ③ difficult ④ special

2 Running has been one of the most popular physical activities in many countries. One reason is that you can do it almost anywhere and all you need is a pair of shoes. Another reason is that not only experienced runners, but also 19 can easily enjoy it.

① beginners ② customers ③ guests ④ owners

3 The cool mountain climates and special tea plants have enabled us to produce outstanding teas. It is very easy to enjoy our tea. Place one of our tea bags in your favorite teacup, pour boiling water over the tea bag, and just 20 for three minutes. Add sugar, milk, or lemon if desired.

① taste ② talk ③ pay ④ wait

6　次の表及び英文を読み，1から3の質問の答えとして最も適当なものを，それぞれ①～④のうちから一つずつ選びなさい。解答番号は　21　～　23　。

Midori Town Community Center Lecture Hall Price List

Day & Time	Weekdays		Weekends & Holidays		
	Daytime	Night-time	Daytime		Night-time
	9:00-17:00	17:00-21:00	9:00-13:00	13:00-17:00	17:00-21:00
1 hour	¥1,000	¥1,300	¥1,500	¥1,600	¥2,000
2 hours	¥1,800	¥2,100	¥2,300	¥2,400	¥2,800
3 hours	¥2,600	¥2,900	¥3,100	¥3,200	¥3,600
4 hours	¥3,400	¥3,700	¥3,900	¥4,000	¥4,400
All day	¥7,000		¥9,000		

Sonomi is a high school student at Midori High School. She is one of the members of the school festival committee. She and the other committee members would like to invite a famous person to the school festival this year to give a lecture to students and their parents. They decided to ask a professor who received the Nobel Prize in Chemistry several years ago. They thought all the students would be interested in his talk because many students at Midori High School like science-related subjects such as chemistry, biology, physics, and mathematics. They decided to ask the professor to talk about his research and experience as a researcher.

Sonomi and the other members of the school festival committee discussed where to hold the lecture. Some members suggested using the school gym because it is free. However, other members disagreed with the idea. They thought that the lecture should be held in a place with nice seats and a better sound system so that students can relax and enjoy the lecture. Fortunately, Midori Town Community Center is located near Sonomi's school and it has a beautiful, new lecture hall. After much discussion, the committee members chose to have the lecture there.

Their school festival will be held for three days from Thursday to Saturday on the third week of November this year. In the beginning, the committee members wanted to have the lecture on the first day of the school festival. However, since it is on a Thursday, this makes it difficult for many parents to come and enjoy the lecture. Therefore, they agreed to have it on the last day. They called the community center and booked the lecture hall for three hours in the afternoon. All the students, teachers, and parents are looking forward to the lecture.

1　According to the table, which of the following is true?

① Prices on weekday mornings are the same as on weekend mornings.

② It costs ¥2,100 to use the hall for three hours on Wednesday mornings.

③ Night-time prices are more expensive than daytime prices.

④ The cheapest price for one hour is on weekends and holidays.

21

2　According to the passage, which of the following is true?

① Committee members decided not to use the gym because it costs too much.

② Students at Sonomi's school are not fond of science-related subjects.

③ Midori Town Community Center is far from Sonomi's school.

④ Committee members decided to invite a professor to their school festival.

22

3　According to the table and the passage, how much will it cost for the committee to use the lecture hall?

① ¥2,600.

② ¥2,900.

③ ¥3,100.

④ ¥3,200.

23

7 次の英文を読み，1から4の □ 内に入れるのに最も適当なものを，それぞれ①〜④のうちから一つずつ選びなさい。解答番号は 24 〜 27 。

Rei is a university student from a small town in the countryside. Last year, he moved to Tokyo to study business at university, but he often misses his hometown. His goal is to become a successful businessperson and help bring life back to small countryside towns.

At university, Rei often talks about his goal with Professor Yamada, his advisor. She encouraged Rei to apply to a business plan competition held by a small city. The city is collecting business ideas for how they can reuse a large 150-year-old traditional Japanese home. Rei decided to enter the competition and asked three of his classmates, who also major in business, to join him.

Their first meeting, however, did not go well. Everyone had their own ideas, and they could not agree on a single one because they did not want to reject the ideas of the other person. After two weeks, they still could not decide on a business plan. Discouraged, Rei went to Professor Yamada for advice. She listened to his story and said, "I think your group's problem is that you are scared to disagree with each other's ideas because you think disagreeing with an idea is the same as disagreeing with the person. It's not."

Rei understood Professor Yamada's advice. The next day, he talked with his group members and asked everyone to share their ideas again. "This time," Rei said, "let's honestly share our opinions. Even if we disagree with someone's idea, it's okay. Not liking someone's idea does not mean that you do not like the person. We are just disagreeing with the idea, not the person."

After listening to Rei, his teammates felt more comfortable expressing their opinions to one another. Five hours later, they finally decided on the first draft of their business plan that included all of their group's best ideas.

For three months, the four of them worked hard every day on their business plan. They passed the first stage of the contest. Three months later, they presented their business plan online, in front of the judges and other participants. Although their team did not win, Rei got something much more valuable. He learned that it is okay to disagree with others' ideas as long as you treat them respectfully. He also got some great ideas to help revive his hometown.

1 Rei 24

① grew up in a small town.

② is a successful businessperson.

③ wanted to be a famous professor.

④ likes living in a big city.

2 Rei and his teammates all 25

① do not like Professor Yamada's class.

② cannot join any contests.

③ prefer working alone.

④ study business.

3 Professor Yamada helped Rei realize that 26

① his group's completed business plan would fail in the competition.

② his group members were afraid to disagree with each other's ideas.

③ he was not an effective group leader.

④ he was not liked by other group members.

4 Rei and his friends 27

① presented in front of all their classmates.

② got first place in the competition.

③ did not win the competition.

④ could not pass the document selection stage.

令和４年度　第２回

解答・解説

令和4年度 第2回 高卒認定試験

【 解 答 】

1	解答番号	正答	配点	2	解答番号	正答	配点	3	解答番号	正答	配点	4	解答番号	正答	配点
問1	1	②	4	問1	4	①	4	問1	9	⑤	4	問1	15	②	4
問2	2	④	4	問2	5	②	4		10	①		問2	16	①	4
問3	3	③	4	問3	6	①	4	問2	11	③	4	問3	17	④	4
-	-			問4	7	②	4		12	④		-	-		
-	-			問5	8	③	4	問3	13	④	4	-	-		
-	-								14	①					

5	解答番号	正答	配点	6	解答番号	正答	配点	7	解答番号	正答	配点
問1	18	③	4	問1	21	③	4	問1	24	①	5
問2	19	①	4	問2	22	④	4	問2	25	④	5
問3	20	④	4	問3	23	④	4	問3	26	②	5
-	-			-	-			問4	27	③	5
-	-			-	-						

【 解 説 】

1

問1 Aさんが「もうすぐお父さんのお誕生日だね。お父さんには別々のプレゼントを買ったほうがいいよね」と言います。それを聞いたBさんは「私はネクタイを買うことにしているけれども、(あなたは) 何を買うことにしているの？」とたずねます。それに対してAさんは「お父さんにワインを買おうかと考えているところだよ」と答えます。その答えにBさんは「いいね！」と応じています。別々のプレゼントを買ったほうがいいと言うAさんに、Bさんはまず「私」はネクタイを買うことにしていると述べ、次にそれに対して「あなた」は何を買うことにしているのかとたずねています。ここから、「私 (は)」(I) と対になる「あなた (は)」(you) がAさんに最も伝えたい内容だとわかりますので、正解は② you となります。

解答番号【1】：② ⇒ **重要度A**

A be coming up soon：Aがもうすぐ来る、Aが近い、もうすぐAだ
(That) Sounds good!：(それは) いいね！

問2 Aさんが「やあ、トム。いいシャツだね。どこで買ったの？」とたずねると、Bさんは「ありがとう！ ノースショッピングモールで買ったんだよ」と答えます。Aさんはさらに「先週末の大安売りで買ったの？」とたずねます。その質問に対して、Bさんは「ううん、昨日買ったんだ」と答えています。「先週末」の大安売りで買ったのかと問うAさんに対して、Bさんはいいえと答え、続いて下線部を含む文でシャツを買ったのは「昨日」だと訂正していま

す。ここから、「先週末」（last weekend）と対になる「昨日」（yesterday）がAさんに最も伝えたい内容だとわかりますので、正解は④ yesterday となります。

　　解答番号【2】：④　　⇒ 重要度A

問3　Aさんが「すみません」とBさんに声を掛けると、Bさんは「はい、何かお困りですか？」と応じます。それに対してAさんは「この電車はミドリ駅に行きますか？」とたずねます。その質問に対して、Bさんは「いえ、この電車は中央駅に行きます。ミドリ駅行きの電車でしたら3番ホームから出ています」と答えています。この電車は「ミドリ」駅に行くかと問うAさんに対して、Bさんはいいえと答え、続いて下線部を含む文でこの電車は「中央」駅に行くと訂正しています。ここから、「ミドリ（駅）」（Midori [Station]）と対になる「中央（駅）」（Chuo [Station]）がAさんに最も伝えたい内容だとわかりますので、正解は③ Chuo となります。

　　解答番号【3】：③　　⇒ 重要度A

　　　　How can I help you?：何かお困りですか？
　　　　leave from Platform X：X番ホームから発車する

2

問1　お店での対話です。Aさんが「いらっしゃいませ」とBさんに声を掛けると、Bさんは「このセーターを試着してみてもいいですか？」とたずねます。その質問に対して、Aさんは「もちろんです。【空所】」と答えます。それに対してBさんは「はい。ありがとうございます」と応じています。空所の前の文は「このセーターを試着してみてもいいですか？」という疑問文ですから、「もちろんです」ということばの後に続く空所には試着を促す類のことばが入ると推測できます。したがって、正解は① The fitting room is over there.（試着室はあちらにございます）となります。

　　解答番号【4】：①　　⇒ 重要度A

　　　　May I help you?：いらっしゃいませ、何にいたしましょうか
　　　　try A on [on A]：Aを試着する

問2　教室での対話です。Aさんが「今日のフランス語の授業、何か宿題はあったっけ？」とたずねると、Bさんは「うん。お気に入りの場所についてのエッセイを書かなければならなかったんだよ」と答えます。それを聞いたAさんが「ああ、どうしよう、【空所】」と言うと、Bさんは「ほんの1段落でいいんだ。すぐにできるさ」と応じています。Bさんから宿題があったことを知ると、Aさんは空所の直前で「ああ、どうしよう」と言っていますから、空所には宿題を忘れていたという内容のことばが入ることがわかります。したがって、正解は② I completely forgot!（すっかり忘れていたよ！）となります。

　　解答番号【5】：②　　⇒ 重要度A

　　　　have to do：〜しなければならない　　do [solve] a problem：問題を解く

問3　機内での対話です。Aさんが「お飲み物はいかがですか？」とたずねると、Bさんは「はい。【空所】」と言います。それに対してAさんが「オレンジジュースに、アップルジュース、紅茶、緑茶、コーヒーがございます」と言うと、Bさんは「緑茶をください」と応じています。空所には疑問文が入りますから、空所の後の文つまり「オレンジジュースに、アップル

ジュース、紅茶、緑茶、コーヒーがございます」は空所に入る疑問文に対する答えです。したがって、正解は① What do you have?（［飲み物は］何がありますか？）となります。

解答番号【6】：①　⇒ 重要度A

Would you like A?：Aはいかがですか？

問4　家での対話です。Aさんが「お母さん、美術の課題で色紙が必要なんだ」と言うと、Bさんは「あら、あいにく【空所】」と応じます。それを聞いたAさんが「今日の午後、美術工芸用品店に行ったら買ってもらえる？」とたずねると、Bさんは「ええ、いいわよ」と答えています。Aさんから色紙が必要だと言われたBさんは空所の直前で「あら、あいにく」(Oh, I'm afraid) と述べていますから、空所には色紙がないという内容のことばが入ることがわかります。したがって、正解は② we don't have any.（1枚もないの）となります。このことばを受けて、空所の後の文で買ってもらえるかとたずねているわけです。

解答番号【7】：②　⇒ 重要度A

I'm afraid (that) 文：申し訳ないのですが〜、すみませんが〜、残念ながら〜

問5　ホテルでの対話です。Aさんが「すみません。ここの近くでランチにいいところをご存知ですか？」とたずねると、Bさんは「はい、『ピアーチェ』に行かれてみるといいですよ。（このあたりでは）一番のピザを出していますから」と答えます。それを聞いたAさんは「いいですね、ピザは大好きです。【空所】」と言います。それに対してBさんは「歩いてほんの5分のところにありますよ」と応じています。空所には疑問文が入りますから、空所の後の文つまり「歩いてほんの5分のところにありますよ」は空所に入る疑問文に対する答えです。したがって、正解は③ How far is it from here?（ここからどのくらいですか？）となります。

解答番号【8】：③　⇒ 重要度A

How far is it from here (to A)？：ここから（Aまで）どのくらいの距離がありますか？

3

問1　設問の英文は「私の家は両親の仕事のためにあちこちを転々としていました。もし宝くじが当たったら、かつて住んでいたすべての場所を【空所】。旧友たちが私のことを覚えていてくれるといいのですが」とあります。選択肢の visit と空所の後の all the places から〈visit all the places〉というまとまりができます。また、選択肢の use と that money から〈use that money〉というまとまりができ、助動詞 would は〈助動詞＋動詞の原形〉の語順になりますので、〈would use that money〉というさらに大きなまとまりができます。〈would use that money〉と〈visit all the places〉は、このままではこの語順で続けることができませんので、両者の間に to を入れることになります。したがって、完成文は If I won the lottery, I would use that money to visit all the places where we used to live.（もし宝くじが当たったら、かつて住んでいたすべての場所を訪れるためにそのお金を使うでしょうに）となります。

解答番号【9】：⑤　解答番号【10】：①　⇒ 重要度B

If ＋主語＋過去形 〜 , 主語＋ would / could / might ＋動詞の原形 …：もし今〜ならば、(would) …するだろうに / (could) …できるのに / (might) …かもしれないのに
used to do：(今は異なるが、以前は) よく〜した（ものだ）、〜であった

問2　設問の英文は「私たちは街をより安全なものとするために尽力しています。ひとつの案として、あらゆるところに監視カメラを設置するというものがあります。【空所】、犯罪の数は減るでしょう」とあります。〈the 比較級 ～ , the 比較級 …〉という慣用表現についての知識がない場合は難しい問題といえます。しかし、後半部の the less crimes we will have という語順から、同様に〈The more security cameras we have〉という語順になると推測できないこともありません。なお、ここにおける more は many の比較級で security cameras を修飾し、less は few の比較級で crimes を修飾しています。上記の語順になるのは、もともと we have more security cameras と we will have less crimes という語順であったものが、〈the 比較級 ～ , the 比較級 …〉という語順に変形する際に、比較級が修飾している名詞もいっしょに引っ張られて頭のほうに移動していることによります。したがって、完成文は The more <u>security</u> cameras <u>we</u> have in the city, the less crimes we will have.（街の中に監視カメラがたくさんあればあるほど、犯罪の数は減るでしょう）となります。

解答番号【11】：③　解答番号【12】：④　　⇒重要度C

　　the 比較級 ～ , the 比較級 …：～すればするほど、（それだけますます）…

問3　設問の英文は「カワセミは、大きな頭部と長いくちばしをもつ色の鮮やかな鳥です。これらの特徴のために、カワセミは音もなく水に飛び込み魚を捕らえることができるのです。興味深いことに、【空所】」とあります。まず、選択肢の was と used から〈was used〉というまとまりができます。次に、空所の後に続く語句とともに、何が「日本の新幹線の設計に」用いられたのかと考えれば、文脈から「カワセミの顔の形」が用いられたのだとわかります。したがって、完成文は the shape <u>of</u> its face <u>was</u> used for the design of the Japanese bullet train.（カワセミの顔の形は日本の新幹線の設計に用いられました）となります。

解答番号【13】：④　解答番号【14】：①　　⇒重要度B

4

問1　1文目と2文目に Do you want to make your teeth whiter and stronger? Do you want your mouth to feel fresh and clean every day?（歯をもっと白く、またもっと強くしたいと思っていませんか？　毎日、口の中を爽快かつ清潔にしたいと思っていませんか？）とあり、口腔についての話題が導入されています。これらを受けて、3文目には Then, try the new XY White!（それならば、新しくなった「XYホワイト」を試してみてください！）と新商品を使ってみることを促すことばが述べられています。この商品が歯磨き粉であることは4文目からわかります。したがって、正解は②「歯磨き粉を宣伝する」となります。

解答番号【15】：②　　⇒重要度A

　　make A X：A を X（の状態）にする　　want A to do：A に～してもらいたい、A が～であってほしい、A が～であることを望む　　then：それなら、それでは

問2　1文目に When learning English, many people have trouble memorizing new vocabulary.（英語を学ぶ際、新しい語彙を暗記するのに苦労する人がたくさんいます）とあり、単語の暗記についての問題の話題が導入されています。これを受けて、2文目には One way to solve this problem is to read novels.（この問題を解決するひとつの方法は小説を読むことです）とこの問題に対する解決法が述べられています。3文目以降には、なぜ小説を読むことが単語を覚えることにつながるのかという理由について説明がなされています。した

がって、正解は①「英単語の覚え方を紹介する」となります。

解答番号【16】：①　⇒ ■重要度A■

　　　have trouble (in) doing：〜するのに苦労する　tend to do：〜する傾向がある、〜し
　　　がちである　come across A：Aに出くわす　get [become] used to A：Aに慣れる

問3　1文目に Welcome to the ABC Gym swimming pool.（ABCジムスイミングプールへよ
　　うこそ）とあり、スイミングプールの話題が導入されています。これを受けて、2文目と3
　　文目には All swimmers are supposed to wear a swimming cap. Since this is a sports gym,
　　please refrain from using a swim ring or a beach ball in the swimming pool.（泳ぐ人はす
　　べて水泳帽を着用することになっています。スポーツジムでございますので、スイミングプー
　　ルでの浮き輪またはビーチボールのご使用はご遠慮ください）とプールの利用上の諸注意が
　　述べられています。したがって、正解は④「施設利用上の留意点を知らせる」となります。

解答番号【17】：④　⇒ ■重要度A■

　　　be supposed to do：〜することになっている、〜しなければならない　refrain from A：
　　　Aを控える　We appreciate your cooperation.：ご協力ありがとうございます

5

問1　設問の英文は「セラピードッグは人々に心の安らぎや心の拠り所を与えるよう訓練されて
　　います。セラピードッグは、学校や病院、高齢者介護施設といったさまざまな場所に赴いて、
　　学校で【空所】子どもを、あるいは高齢者介護施設で【空所】年配の患者を（精神的または
　　身体的に）助けるのです」とあります。【空所】の前後に着目すると children who have a【空
　　所】time とありますから、セラピーや心の安らぎなどが必要とされるのは、どのようなとき
　　を過ごしている子どもかと考えてみると、何らかの要因で困難なときを過ごしている子ども
　　だと推測できます。したがって、正解は③ difficult（困難な）となります。

解答番号【18】：③　⇒ ■重要度B■

　　　be trained to do：〜するよう訓練されている
　　　have a difficult time：つらい思いをする、苦しい思いをする

問2　設問の英文は「ランニングは多くの国々で最もポピュラーな運動のひとつです。その理由
　　のひとつは、ランニングはほとんどどこででもすることができ、ランニングに必要なものと
　　いえば靴一足で済むからです。またもうひとつの理由は、ベテランのランナーだけでなく【空
　　所】もランニングを手軽に楽しめるからです」とあります。3文目にある〈not only A but
　　(also) B〉（AだけでなくBも）という慣用表現に着目すると、Bにあたる【空所】にはAに
　　あたる experienced runners と並列しても違和感のない単語が入ることがわかります。した
　　がって、正解は① beginners（初心者、ビギナー）となります。

解答番号【19】：①　⇒ ■重要度A■

　　　One reason is that 文 . Another reason is that 文 .：その理由のひとつは〜だからで、
　　　またもうひとつの理由は〜だからだ

問3　設問の英文は「山間の寒冷な気候と特別な茶樹のおかげで、我が社はすばらしい紅茶を
　　生産することができます。当社の紅茶を楽しむのはとても簡単です。あなたのお気に入りの
　　ティーカップに当社のティーバッグのひとつを入れ、そのティーバッグに沸騰したお湯を注

いで、 ３分間【空所】だけです。お好みでお砂糖、ミルク、あるいはレモンを加えてください」とあります。ティーバッグにお湯を注いだ後、３分間どうするのかといえば、紅茶を蒸らすつまり紅茶の成分がお湯に抽出されるのを「待つ」ことになります。したがって、正解は④ wait（待つ）となります。

解答番号【20】：④　⇒ 重要度Ａ

　　A enable B to do：AのおかげでBは〜することが可能となる
　　pour A over B：BにAを注ぐ　if desired：お好みで

6

問１　設問文は「表によると、次の選択肢のうちのどれが正しいですか？」とありますので、解答の根拠は表から探します。①「平日の午前中の料金は週末の午前中の料金と同じである」とありますが、表の Weekdays（平日）の Daytime（昼間）の列の料金と Weekends & Holidays（週末・休日）の Daytime の列の料金を比較してみると、異なる料金であることがわかりますから、①は不正解です。②「水曜日の午前中に講堂を３時間使用するには 2,100 円かかる」とありますが、表の Weekdays の Daytime の列の料金を見ると３hours（３時間）の行には 2,600 円と記載されていますから、②は不正解です。③「夜間の料金は昼間の料金よりも高い」とあります。表の Daytime と Night-time（夜間）の列の料金を比較してみると、Weekdays も Weekends & Holidays もどちらも夜間のほうが割高であることがわかりますので、③が正解です。④「１時間の料金で最も安価なのは週末および休日だ」とありますが、表の１hour の行を見ると Weekdays のほうが安いことがわかりますから、④は不正解です。

解答番号【21】：③　⇒ 重要度Ａ

問２　設問文は「この文章によると、次の選択肢のうちのどれが正しいですか？」とありますので、解答の根拠は本文中から探します。①「委員たちは、あまりにお金がかかるという理由で、体育館を使わないことに決めた」とありますが、２段落２文目に Some members suggested using the school gym because it is free.（無料であることを理由に体育館を使用することを提案するメンバーもいました）とあり、そもそも体育館を使用する場合にはお金がかからないことがわかるため、①は不正解です。②「ソノミの学校の生徒たちは理系科目が好きではない」とありますが、１段落５文目に many students at Midori High School like science-related subjects（ミドリ高校では理系科目が好きな生徒が多い）とあるため、②は不正解です。③「ミドリ町コミュニティセンターはソノミの学校から遠い」とありますが、２段落５文目に Fortunately, Midori Town Community Center is located near Sonomi's school（幸運にも、ミドリ町コミュニティセンターがソノミの学校の近くにあります）とあるため、③は不正解です。④「委員たちは学園祭に教授を招待することに決めた」とあります。１段落３文目と４文目にある She and the other committee members would like to invite a famous person to the school festival this year to give a lecture to students and their parents. They decided to ask a professor who received the Novel Prize in Chemistry several years ago.（ソノミとほかの委員たちは、名の売れた人を今年の学園祭に招いて、生徒や保護者に講演を行ってもらうよう依頼したいと考えていました。ソノミたちは、数年前にノーベル化学賞を受賞した教授にお願いすることに決めました）と内容が合致するので、④が正解です。

解答番号【22】：④　⇒重要度A

問3　設問文は「表とこの文章によると、委員会が講堂を使用するにはいくらかかるでしょうか？」とありますので、解答の根拠は表と本文中から探します。まず、3段落4文目と5文目にある Therefore, they agreed to have it on the last day. They called the community center and booked the lecture hall for three hours in the afternoon. (それゆえ、講演は学園祭最終日に開くことに決めました。ソノミたちはコミュニティセンターに電話をかけて、午後の3時間、講堂を予約しました) から、ソノミたちは学園祭最終日の午後に3時間講堂を使うことに決めたことがわかります。また、3段落1文目にある Their school festival will be held for three days from Thursday to Saturday (ソノミたちの学園祭は、木曜日から土曜日にかけて3日間開催されます) という部分から、学園祭最終日は土曜日であることがわかります。これをふまえて、土曜日つまり週末の午後に講堂を3時間使用する場合の料金を表から見つければよいことになります。したがって、正解は④¥3,200. となります。

解答番号【23】：④　⇒重要度B

【全文訳】
　ソノミはミドリ高校の高校生で、学園祭委員会のメンバーの一人です。ソノミとほかの委員たちは、名の売れた人を今年の学園祭に招いて、生徒や保護者に講演を行ってもらうよう依頼したいと考えていました。ソノミたちは、数年前にノーベル化学賞を受賞した教授にお願いすることに決めました。ミドリ高校では化学や生物、物理、数学といった理系科目が好きな生徒が多いので、すべての生徒がこの教授の話に興味をもってくれるだろうと考えたのです。そして、教授には自身の研究と研究者としての経験について話してくれるよう頼むことにしました。

　ソノミと学園祭委員会のほかのメンバーたちは、講演をどこで行うのがよいかを話し合いました。無料であることを理由に体育館を使用することを提案するメンバーもいましたが、その案に反対するメンバーもいました。反対した人たちは、生徒たちがリラックスできて講演を楽しむことができるように、良い座席と（体育館と比べて）もっと優れた音響装置のある場所で講演を開催するべきだと考えたのです。幸運にも、ミドリ町コミュニティセンターがソノミの学校の近くにあり、そこには新しくて美しい講堂がありました。話し合いを重ねた末、委員会のメンバーたちはその講堂で講演を開くことに決めました。

　ソノミたちの学園祭は、今年の11月の第3週目の木曜日から土曜日にかけて3日間開催されます。はじめは、委員会のメンバーたちは学園祭の初日に講演を開きたいと思っていました。しかしながら、学園祭初日は木曜日にあたることから、そうしてしまうと、多くの保護者が来場して講演を楽しむことは難しくなってしまうのです。それゆえ、講演は学園祭最終日に開くことに決めました。ソノミたちはコミュニティセンターに電話をかけて、午後の3時間、講堂を予約しました。生徒、先生、保護者のみんなが講演を楽しみにしています。

7

問1　設問文は「レイは【空所】」とあります。設問文から得られる情報は少ないですが、通例、最初の設問は第1段落に解答の根拠があります。①「小さな町で育った」とあります。1段落1文目に Rei is a university student from a small town in the countryside. (レイは小さな田舎町出身の大学生です) とあり、from a small town in the countryside という表現から「小さな町で育った」ことがわかりますので、①が正解です。②「成功した実業家であ

る」とありますが、先に引用した1段落1文目からレイは大学生であることがわかるため、②は不正解です。③「有名な教授になりたかった」とありますが、1段落3文目に His goal is to become a successful businessperson（レイの目標は成功した実業家になることです）とあるため、③は不正解です。④「大きな都市に住むのが好きだ」とありますが、1段落2文目に Last year, he moved to Tokyo to study business at university, but he often misses his hometown.（昨年、レイは大学でビジネスを学ぶために東京に引っ越しましたが、故郷が恋しくなることがたびたびあります）とあるため、④は不正解です。

解答番号【24】：①　⇒ 重要度Ａ

問2　設問文は「レイとチームメイトはみな、【空所】」とありますから、レイがチームを結成してからのことが書かれている箇所つまり第2段落以降に解答の根拠があるはずです。選択肢は①「ヤマダ教授の授業が好きではない」、②「いかなるコンペにも参加できない」、③「ひとりで作業をすることをより好む」、④「ビジネスを学んでいる」とあります。2段落4文目にある Rei decided to enter the competition and asked three of his classmates, who also major in business, to join him.（レイはそのコンペに参加することを決めて、同様にビジネスを専攻する同級生3人にいっしょに参加しないかと誘いました）から、レイは同じくビジネスを学んでいるクラスメイトとチームを結成したことがわかりますので、正解は④となります。

解答番号【25】：④　⇒ 重要度Ａ

問3　設問文は「ヤマダ教授は、【空所】ということにレイが気付く手助けをした」とありますから、ヤマダ教授による助言が書かれている箇所つまり第3段落に解答の根拠があるはずです。選択肢は①「レイのグループが完成させたビジネスプランはコンペで落ちるだろう」、②「レイのグループのメンバーたちはお互いの案に反対することをこわがっている」、③「レイは有能なグループリーダーではない」、④「レイはグループのほかのメンバーから好かれていない」とあります。ヤマダ教授は、3段落5文目にあるように I think your group's problem is that you are scared to disagree with each other's ideas because you think disagreeing with an idea is the same as disagreeing with the person.（私が思うに、あなたのグループの問題点は、あなたたちが［人の］案に反対することは案を出したその人に反対することと同じことだと考えているせいで、お互いの案にこわがって反対できていないところにあるわね）とレイに述べていますので、正解は②となります。

解答番号【26】：②　⇒ 重要度Ａ

問4　設問文は「レイと友人たちは【空所】」とあります。最後の設問ですので、通例、最終段落に解答の根拠があると考えられます。①「クラスメイトみんなの前でプレゼンを行った」とありますが、6段落3文目に Three months later, they presented their business plan online, in front of the judges and other participants.（3ヶ月後、レイたちは、審査員やほかの参加者たちの前で、オンラインでビジネスプランのプレゼンを行いました）とあるため、①は不正解です。②「コンペで優勝した」とありますが、6段落4文目に Although their team did not win（レイたちのチームはコンペで優勝はしませんでしたが）とあるため、②は不正解です。③「コンペで優勝しなかった」とあります。先に引用した6段落4文目の部分からレイたちはコンペでは優勝していないことがわかりますので、③が正解です。④「書類選考ステージを通過できなかった」とありますが、6段落2文目に They passed the first stage of the contest.（レイたちはビジネスプランコンペの第１ステージを通過しました）とあり、第１ステージが書類選考に相当するとすれば、あるいは先に引用した６段落３文目にあるようにレイたちが審査員たちの前でプレゼンしたことをふまえれば、書類選考は通過したと考えられるため、④は不正解です。

解答番号【27】：③　　⇒ 重要度Ａ

【全文訳】

　レイは小さな田舎町出身の大学生です。昨年、レイは大学でビジネスを学ぶために東京に引っ越しましたが、故郷が恋しくなることがたびたびあります。レイの目標は、成功した実業家になって小さな田舎の町々に活気を取り戻す手助けをすることです。

　大学では、レイは自分の目標について指導教員であるヤマダ教授とよく話をすることがあります。ヤマダ教授はレイにある小都市で開催されるビジネスプランコンペに申し込みをするよう勧めました。その小都市では、築150年の大きくて伝統的な日本家屋を再利用する方法について事業案を募っているところでした。レイはそのコンペに参加することを決めて、同様にビジネスを専攻する同級生３人にいっしょに参加しないかと誘いました。

　しかしながら、レイたちの最初のミーティングはうまくいきませんでした。４人ともそれぞれ自分の考えをもってはいたものの、みんなほかの人の案を却下したくなかったので、ひとつの案に意見をまとめることはできなかったのです。レイたちは、２週間が経ってもなおビジネスプランを決めることができていませんでした。意気消沈しながら、レイは助言を求めてヤマダ教授のところに行きました。ヤマダ教授はレイの話を聴いて、こう言いました、「私が思うに、あなたのグループの問題点は、あなたたちが（人の）案に反対することは案を出したその人に反対することと同じことだと考えているせいで、お互いの案にこわがって反対できていないところにあるわね。でも、人の案に反対したからといって、その人に反対することにはならないのよ」と。

　レイはヤマダ教授の助言の意味を理解しました。その翌日、レイはグループのメンバーと話をして、みんなに自分の考えを今一度話してくれるよう頼みました。レイはこう言いました、「今回は、自分の意見を素直に話すことにしようよ。誰かの案に反対してもいいんだよ。人の案が好きではないからといって、その人が嫌いということにはならないんだから。その案に反対しているだけなんだ、その人ではなくてね」と。

　レイの話を聴いた後、チームメイトたちは（以前よりも）不安に思うことなく自分の意見をお互いに述べることができました。５時間後、グループのなかで出された最良のアイディアのすべてを含む、レイたちのビジネスプランの素案がついに決定しました。

　３ヶ月の間、レイたち４人はこの自分たちのビジネスプランに毎日一生懸命に取り組んでいました。（その甲斐あって）ビジネスプランコンペの第１ステージを通過しました。３ヶ月後、レイたちは、審査員やほかの参加者たちの前で、オンラインでビジネスプランのプレゼンを行いました。レイたちのチームはコンペで優勝はしませんでしたが、レイは（コンペで優勝することよりも）はるかに価値のあるものを得ました。（この経験を通して）レイは、人に敬意をもって接する限り、人の考えに反対しても問題ないということを学んだのです。さらに、レイは自分の故郷を再興する手助けをする名案をいくつか思いついたのでした。

令和4年度 第1回
高卒認定試験

英　語

解答時間　50分

英　　　語

⎡ 1 ⎤ 次の1から3までの対話において，下線を引いた語の中で最も強く発音されるものを，それぞれ①～④のうちから一つずつ選びなさい。解答番号は ⎡ 1 ⎤ ～ ⎡ 3 ⎤ 。

1　A : Oh no, where's my umbrella?

　　B : Did you leave it at the café?

　　A : No, I think I had it when we left there.

　　B : Maybe you forgot it on the train then.
　　　　　　　　　　　　　 ①② ③ 　④

⎡ 1 ⎤

2　A : Excuse me. How much is this bottle of wine?

　　B : It's $20.

　　A : Does that include tax?

　　B : No. That is without tax. With tax, it would be $22.
　　　　　　 ①　②　③　　④

⎡ 2 ⎤

3　A : Are you done packing for tomorrow's beach trip?

　　B : Yes, Mom. I have everything in here.

　　A : Your friend Jimmy is coming with us, right?

　　B : No, he is busy with some school stuff.
　　　　　　　①　②　③　　④

⎡ 3 ⎤

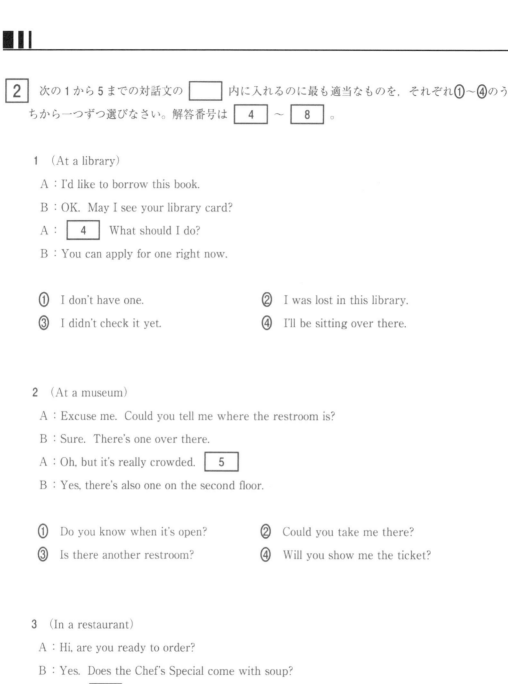

2 次の1から5までの対話文の ☐ 内に入れるのに最も適当なものを，それぞれ①〜④のうちから一つずつ選びなさい。解答番号は ☐ 4 ☐ 〜 ☐ 8 ☐ 。

1 （At a library）

A：I'd like to borrow this book.

B：OK. May I see your library card?

A： ☐ 4 ☐   What should I do?

B：You can apply for one right now.

① I don't have one.　　　② I was lost in this library.

③ I didn't check it yet.　④ I'll be sitting over there.

2 （At a museum）

A：Excuse me. Could you tell me where the restroom is?

B：Sure. There's one over there.

A：Oh, but it's really crowded. ☐ 5 ☐

B：Yes, there's also one on the second floor.

① Do you know when it's open?　② Could you take me there?

③ Is there another restroom?　④ Will you show me the ticket?

3 （In a restaurant）

A：Hi, are you ready to order?

B：Yes. Does the Chef's Special come with soup?

A：Yes. ☐ 6 ☐

B：Sounds wonderful. I'll have that then.

① You can pay cash.　　　　　② It also comes with dessert.

③ You should try a different place.　④ It usually tastes too salty.

4　（At home）

A : What should we do for summer vacation?

B : Let's go on a family trip.

A : [7]　We don't have much money.

B : It's OK. We can go somewhere close to home.

① Are you sure?

② Could we study abroad?

③ That sounds great!

④ It was a great holiday.

5　（At school）

A : I couldn't sleep well last night.

B : [8]

A : I have a speech contest today. I'm so nervous.

B : Don't worry. You'll do fine!

① Do you have a minute?

② Shall I go with you?

③ Where are we going?

④ What's the matter?

3 　次の１から３の各英文がまとまりのある文章になるようにそれぞれ①～⑤の語(句)を並べかえ
たとき，２番目と４番目に入るものを選びなさい。解答番号は 9 ～ 14 。

1　I spent two hours doing my homework last night. However, I forgot to bring it to school,
so I could not hand it in today. Next time, _____ 9 _____ 10 _____ and
make sure I put my homework in my school bag before going to bed.

① will　　　　　　　② I　　　　　　　　③ remember
④ to　　　　　　　 ⑤ check

2　Some students from Canada are visiting Miki's high school next month. She is very
excited because she _____ 11 _____ 12 _____ in English at the welcome
party. Now she is practicing it with her English teacher.

① asked　　　　　　② a speech　　　　 ③ make
④ to　　　　　　　 ⑤ was

3　Sakura Kitchen is a Japanese restaurant which serves a variety of delicious foods, such as
rice balls and *udon* noodles. It is located just in front of Sakura Station. Many people
_____ 13 _____ 14 _____ a meal at this restaurant.

① who　　　　　　　② use　　　　　　　③ enjoy
④ station　　　　　 ⑤ the

令和４年度第１回試験

4 次の1から3の各メッセージの送り手が意図したものとして最も適当なものを，それぞれ ①〜④のうちから一つずつ選びなさい。解答番号は | 15 | 〜 | 17 | 。

1　Thank you for coming to the City Library. Recently, we have received some complaints about cell phone use in the library. If you need to talk on the phone, please make sure to go outside and not to disturb others. We appreciate your cooperation.

① 本の借り方を説明する。　② マナーについて注意を促す。
③ 苦情処理の方法を紹介する。　④ 携帯電話の使用を勧める。

| 15 |

2　May I have your attention please? To the owner of a silver van with license plate number ABC123, your car headlights are on. Please go back to the parking lot and turn them off. Thank you.

① 駐車場の閉鎖期間について伝える。　② ライトの交換時期を知らせる。
③ ライトの消し忘れについて知らせる。　④ 駐車場の場所を伝える。

| 16 |

3　Do you have trouble cooking with seasonal vegetables? Kumi's Cooking Studio can help! Your instructor has ten years of experience working in the top restaurants in town. In each lesson, she will teach you how to make three dishes using various kinds of seasonal vegetables. Sign up today!

① 野菜の育て方を教える。　② 野菜の販売店を宣伝する。
③ 野菜の種類を教える。　④ 野菜の料理教室を宣伝する。

| 17 |

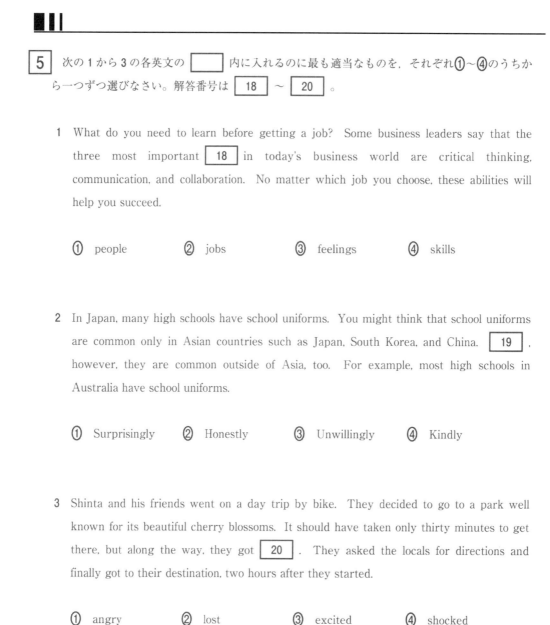

5 次の1から3の各英文の ☐ 内に入れるのに最も適当なものを，それぞれ①〜④のうちから一つずつ選びなさい。解答番号は 18 〜 20 。

1 What do you need to learn before getting a job? Some business leaders say that the three most important 18 in today's business world are critical thinking, communication, and collaboration. No matter which job you choose, these abilities will help you succeed.

① people   ② jobs   ③ feelings   ④ skills

2 In Japan, many high schools have school uniforms. You might think that school uniforms are common only in Asian countries such as Japan, South Korea, and China. 19 , however, they are common outside of Asia, too. For example, most high schools in Australia have school uniforms.

① Surprisingly   ② Honestly   ③ Unwillingly   ④ Kindly

3 Shinta and his friends went on a day trip by bike. They decided to go to a park well known for its beautiful cherry blossoms. It should have taken only thirty minutes to get there, but along the way, they got 20 . They asked the locals for directions and finally got to their destination, two hours after they started.

① angry   ② lost   ③ excited   ④ shocked

6　次の表及び英文を読み，1から3の質問の答えとして最も適当なものを，それぞれ①～④のうちから一つずつ選びなさい。解答番号は 21 ～ 23 。

Language School Information

Name	Courses	Maximum class size	Location	Nationalities of students
ESL Academy	Beginner Intermediate Advanced Business	Beginner 10 Others 15	In Times Circle (a shopping area in the city business center)	Japanese 62% Korean 18% Chinese 12% Chilean 3% Brazilian 1% Others 4%
Star Language Institute	Beginner Intermediate Advanced	All classes are 8 students or fewer	In Mission Harbor (walking distance from various famous sightseeing places)	Brazilian 27% Japanese 13% Thai 10% Spanish 3% German 3% Others 44%
UB English School	Beginner Intermediate Advanced Academic	Academic 10 Others 25	In Green Hills (a suburb outside the city surrounded by beautiful nature)	Japanese 24% Swiss 19% Brazilian 14% Thai 11% German 10% Others 22%

Kanami had always wanted to study abroad since she was an elementary school student. This summer, she has a chance to make her dream come true. Her university offers a study abroad program in New Zealand for its students, and Kanami was accepted to the program. Before she leaves Japan next month, she needs to choose one language school to study at. She has three choices: ESL Academy, Star Language Institute, and UB English School. Kanami had a difficult time choosing one school because they all seemed equally wonderful. She decided to ask her English teacher, Mr. Lee, for advice.

Mr. Lee told her some important points she should think about. He recommended a school where she would be able to meet students from all over the world. According to him, some schools have so many Japanese students that the Japanese students who study there do not feel they need to use English. He told her that meeting students from various countries could help her improve her English and learn about different cultures. He also pointed out that it would be better if she could study in a class with fewer students. In a smaller class, she would have more chances to participate and get feedback from the instructor. In addition, he said that it is important to think about the location of the school. In order to enjoy sightseeing as well as studying abroad, it would be better if she could study near sightseeing spots, such as museums, parks, and historical sites.

After talking to Mr. Lee, Kanami looked over the information of each school again. Now, she has a better idea of what to look for in a language school. She decided to study at Star Language Institute. She is looking forward to meeting new friends from many countries, studying hard in school, and visiting various places.

1　According to the table, which of the following is true?

① ESL Academy has more Chinese students than Japanese students.

② Star Language Institute offers five different courses.

③ UB English School is located in the city.

④ All three schools' classes have 25 students or less.

| 21 |

2　According to the passage, which of the following is true?

① Kanami is going to study abroad this summer.

② Kanami is an elementary school student.

③ Mr. Lee is a high school math teacher.

④ Mr. Lee is going to take his students to summer camp.

| 22 |

3　According to the passage, which of the following is true?

① Mr. Lee suggested that Kanami choose which course to take first.

② Mr. Lee recommended studying in a school with students from many countries.

③ Kanami believed that class size in her university should be smaller.

④ Kanami wanted to focus on learning about New Zealand's culture.

| 23 |

令和4年度第1回試験

7 次の英文を読み，1から4の □ 内に入れるのに最も適当なものを，それぞれ①～④のうちから一つずつ選びなさい。解答番号は □24□ ～ □27□ 。

One day, when Laura visited her friend Sam at his apartment, she was very surprised because it seemed almost empty. Laura asked him where he kept his things. He answered, "I try not to keep many things. I own a very small number of items." He showed her the inside of his closet, where she found only a few clothing items: one jacket, two shirts, three T-shirts, and three pairs of pants. Sam said, "I used to own a lot of things before, but one day, I realized that I don't need most of them. Once I threw away the things I didn't need, I felt more comfortable." Laura was still surprised, but she found his place comfortable, too.

After Laura went back to her apartment, she realized she had too many things. She decided to clean her place like Sam's, but once she started, she found it very difficult to throw away anything. She thought she needed everything. After one hour, she gave up.

The next day, she told Sam about what had happened. Sam smiled and said, "I felt the same way when I started to reduce my belongings." Then he gave her some advice. For example, he told her that she should donate her clothes instead of throwing them away. That way, she would feel less sad or guilty knowing that someone else would be wearing her favorite clothes. Also, Sam told her that she should make a box to keep things that she does not use anymore. If she does not use the item in the box for another year, she probably does not need it forever, so she can give it away.

That evening, she prepared two boxes. She put some items that she does not use into one box for keeping, and she put other items into another box for donating. This time, she could decide what to keep and what to do with each item. After two hours of cleaning, these two boxes were full, and her closet had more room than before. She felt happy and fulfilled. She still had a lot more things than Sam, but she felt much more comfortable now in her own apartment.

1 When Laura visited Sam, she 24

① helped him clean his apartment.

② learned that Sam owned few things.

③ was surprised because his apartment was so dirty.

④ found his place uncomfortable because it was too small.

2 When Laura started to clean her apartment, she 25

① found it very difficult.

② called Sam to help her.

③ thought it was very enjoyable.

④ decided to throw everything out.

3 Sam advised Laura that she 26

① can sell her clothes at a flea market.

② should buy a new dress to do volunteer work.

③ does not have to throw things away all at once.

④ should not throw her clothes away but keep them forever.

4 Laura 27

① found a way to reduce her belongings.

② threw most of her clothes away.

③ felt unhappy after finishing cleaning.

④ wanted to get more items than Sam did.

令和４年度 第１回

解答・解説

【重要度の表記】

Ａ：重要度が高く確実に正答したい設問。しっかり
　　復習する必要のある問題です。

Ｂ：重要度はＡレベルよりすこし下で、やや難易度
　　が高い設問または内容を読み取る設問。高得点
　　を狙う人は復習しましょう！

Ｃ：重要度が低い、または難解な設問。軽く復習す
　　る程度でよいでしょう！

📖 令和４年度　第１回　高卒認定試験

―――――――――――― 【 解　答 】 ――――――――――――

1	解答番号	正答	配点	2	解答番号	正答	配点	3	解答番号	正答	配点	4	解答番号	正答	配点
問1	1	④	4	問1	4	①	4	問1	9	①	4	問1	15	②	4
問2	2	③	4	問2	5	③	4		10	④		問2	16	③	4
問3	3	②	4	問3	6	②	4	問2	11	①	4	問3	17	④	4
-	-			問4	7	①	4		12	③		-	-		
-	-			問5	8	④	4	問3	13	②	4	-	-		
-	-			-	-				14	④		-	-		

5	解答番号	正答	配点	6	解答番号	正答	配点	7	解答番号	正答	配点
問1	18	④	4	問1	21	④	4	問1	24	②	5
問2	19	①	4	問2	22	①	4	問2	25	①	5
問3	20	②	4	問3	23	②	4	問3	26	③	5
-	-			-	-			問4	27	①	5
-	-			-	-			-	-		

―――――――――――― 【 解　説 】 ――――――――――――

1

問1　Ａさんが「あっ、しまった、私の傘はどこだ？」と言います。それを聞いたＢさんが「カフェに傘を置き忘れたんじゃない？」とたずねると、Ａさんは「いや、カフェを出たときには持っていたと思う」と答えます。その答えに対して、Ｂさんは「それじゃあ、電車に忘れたのかもしれないね」と述べています。傘を置き忘れたのは「カフェ」（there = café）ではないと言うＡさんに対して、Ｂさんは下線部を含む文でそれならば「電車」に忘れたのかもしれないと意見を述べています。ここから、「カフェ」（café）と対になる「電車」（train）がＡさんに最も伝えたい内容だとわかりますので、正解は④ train となります。

解答番号【1】：④　　⇒ 重要度Ａ

　　leave A：（ある場所に）Ａを置き忘れる　then：それなら、それでは

問2　Ａさんが「すみません。このボトルのワインはいくらですか？」とたずねると、Ｂさんは「20ドルです」と答えます。Ａさんはさらに「その値段は税込ですか？」とたずねます。その質問に対して、Ｂさんは「いいえ。その値段は税抜です。税込ですと、22ドルでございます」と答えています。そのワインの値段が税「込」なのかと問うＡさんに対して、Ｂさんはいいえと答え、続いて下線部を含む文で税「抜」であると訂正しています。ここから、「（税）込」（include [tax]）と対になる「（税）抜」（without [tax]）がＡさんに最も伝えたい内容だとわかりますので、正解は③ without となります。

解答番号【2】：③　　⇒ 重要度Ａ

　　　Ａ include tax：Ａは税を含む、Ａは税込だ　without tax：税抜で

問3　Ａさんが「明日のビーチへの旅行の荷造りは済んだの？」とたずねると、Ｂさんは「うん、お母さん。ここに全部入っているよ」と答えます。Ａさんはさらに「友達のジミーも私たちといっしょに来るのよね？」とたずねます。その質問に対して、Ｂさんは「来ないよ、ジミーは何か学校のことで忙しいから」と答えています。友達のジミーも来るのよねと確認するＡさんに対して、Ｂさんはいいえと述べ、続いて下線部を含む文でジミーは学校のことで忙しいとジミーが来ない理由を補足しています。その理由の内容をひと言でいえば「忙しい」からということです。このことから、「忙しい」（busy）がＡさんに最も伝えたい内容だとわかりますので、正解は② busy となります。

解答番号【3】：②　　⇒ 重要度Ｂ

　　　be done doing：〜が済む、〜を終える　be busy with Ａ：Ａで忙しい
　　　文, right?：（確認の意味合いで）〜だね？

2

問1　図書館での対話です。Ａさんが「この本を借りたいのですが」と話し掛けます。Ｂさんは「わかりました。図書館貸出カードを見せていただけますか？」とたずねます。それを聞いたＡさんは「【空所】どうしたらいいですか？」とたずね返します。それに対してＢさんは「すぐに図書館貸出カードを申し込むことができますよ」と答えています。空所の前の文は「図書館貸出カードを見せていただけますか？」という依頼を表す疑問文ですから、空所にはそれに対する答えが入ります。したがって、正解は① I don't have one.（図書館貸出カードをもっていません）となります。もっていないことを受けて、空所の後の文で「どうしたらいいですか？」とたずねているわけです。

解答番号【4】：①　　⇒ 重要度Ａ

　　　would like to do：〜したいのですが　apply for Ａ：Ａを申し込む、申請する
　　　one：前出の単数名詞を指す。本問における one は library card を指す。

問2　博物館での対話です。Ａさんが「すみません。お手洗いがどこにあるか教えていただけますか？」とたずねます。それを聞いたＢさんは「ええ。お手洗いはあそこにありますよ」と答えます。Ａさんは「あら、とても混んでいますね。【空所】」と言います。それに対してＢさんは「はい、２階にもお手洗いがありますよ」と応じています。空所には疑問文が入りますから、空所の後の文つまり「はい、２階にもお手洗いがありますよ」は空所に入る疑問文に対する答えです。したがって、正解は③ Is there another restroom?（ほかにお手洗いはありますか？）となります。

解答番号【5】：③　　⇒ 重要度Ａ

　　　Could you tell me ＋疑問詞＋(S) ＋ V？：〜かを教えていただけますか？

問3　レストランでの対話です。Ａさんが「いらっしゃいませ、ご注文はお決まりですか？」と話し掛けます。Ｂさんは「はい。『シェフの本日のおすすめ』にはスープがつきますか？」とたずねます。それを聞いたＡさんは「ええ。【空所】」と答えます。それに対してＢさんは「と

てもいいですね。それなら、それにします」と応じています。空所の前の文は「『シェフの本日のおすすめ』にはスープがつきますか？」という疑問文ですから、「ええ」ということばの後に続く空所には「シェフの本日のおすすめ」について補足する類のことばが入ると推測できます。したがって、正解は② It also comes with dessert.（さらに、『シェフの本日のおすすめ』にはデザートがつきます）となります。さらにデザートもつくということばを受けて、空所の後の文で「とてもいいですね」と応じているわけです。

解答番号【6】：②　　⇒ 重要度A

　　Are you ready to order?：ご注文はお決まりですか？　　come with A：Aがついてくる

問4　家での対話です。Aさんが「夏休みは何をしようか？」とたずねると、Bさんは「家族旅行に行こう」と答えます。それを聞いたAさんは「【空所】お金があまりないよ」と言います。それに対してBさんは「大丈夫。どこか近場に行くこともできるから」と応じています。家族旅行に行こうという提案を受けるも、空所の後の文では「あまりお金がないよ」と述べていることから、提案に対して否定的な反応を示すことばが空所に入ることがわかります。したがって、正解は① Are you sure?（本当に？）となります。

解答番号【7】：①　　⇒ 重要度B

　　What should we do for A?：Aはどうしようか？　　Aに何をしようか？

問5　学校での対話です。Aさんが「昨夜はよく眠れなかったな」と言います。それを聞いたBさんが「【空所】」とたずねると、Aさんは「今日はスピーチコンテストがあってね。すごく緊張しているんだ」と答えます。それに対してBさんは「心配ないさ。君ならうまくやれるよ！」と応じています。空所には疑問文が入りますから、空所の後の文つまり「今日はスピーチコンテストがあってね。すごく緊張しているんだ」は空所に入る疑問文に対する答えです。したがって、正解は④ What's the matter?（どうしたの？）となります。

解答番号【8】：④　　⇒ 重要度A

　　What's the matter (with A)?：(Aは) どうしたの？　（= What's wrong?)
　　You'll do fine!：あなたならうまくできる！　（= You can do it!)

3

問1　設問の英文は「昨夜、2時間かけて宿題をしました。それなのに、学校に宿題を持っていくのを忘れてしまったので、今日宿題を提出することができませんでした。次は、寝る前に学校の鞄に宿題が入っているか【空所】」とあります。動詞 remember には〈remember to do〉という用法がありますので、〈remember to check〉というまとまりができます。さらに、助動詞 will は〈助動詞＋動詞の原形〉の語順になりますので、〈will remember to check〉というまとまりができます。したがって、完成文は Next time, I will remember to check and make sure I put my homework in my school bag before going to bed.（次は、寝る前に学校の鞄に宿題が入っているかを忘れずに確認するつもりです）となります。

解答番号【9】：①　解答番号【10】：④　　⇒ 重要度A

　　remember to do：忘れずに〜する　　check and make sure (that) 文：〜かを確認する

問2　設問の英文は「来月、カナダから数人の生徒がミキの高校を訪れることになっています。

ミキは歓迎会で英語で【空所】ので、とてもわくわくしています。今、ミキは英語の先生とスピーチの練習をしているところです」とあります。空所の前の she と選択肢の was と asked から〈she was asked〉というまとまりができます。また、asked と to から〈ask A to do〉という用法を思い出すことができれば、〈she was asked to do〉というまとまりは〈ask A to do〉の A を主語にした受動態だと推測できます。したがって、完成文は She is very excited because she was <u>asked</u> to <u>make</u> a speech in English at the welcome party.（ミキは歓迎会で英語でスピーチをするよう頼まれたので、とてもわくわくしています）となります。

解答番号【11】：①　解答番号【12】：③　　⇒ 重要度B

　　ask A to do：A に～するよう頼む　make [give] a speech：スピーチをする、演説する

問3　設問の英文は「さくらキッチンは、おにぎりやうどんといったさまざまなおいしい食べ物を出す和食レストランです。さくらキッチンは、さくら駅の真向かいにあります。【空所】」とあります。選択肢の冠詞 the と名詞 station から〈the station〉というまとまりができます。また、動詞 use と enjoy について、何を use するのかと考えれば〈use the station〉というまとまりが、同様に何を enjoy するのかと考えれば〈enjoy a meal〉というまとまりができます。ここまでたどりつくことができれば、「さくら駅を利用する多くの人々が食事を楽しむ」のだとわかりますから、who は関係代名詞として用いることになります。したがって、完成文は Many people who <u>use</u> the <u>station</u> enjoy a meal at this restaurant.（さくら駅を利用する多くの人々がこのレストランで食事を楽しんでいます）となります。

解答番号【13】：②　解答番号【14】：④　　⇒ 重要度A

　　A such as B：B のような A　be located just in front of A：A の真向かいにある

4

問1　2文目に Recently, we have received some complaints about cell phone use in the library.（最近、図書館内での携帯電話の使用についての苦情が寄せられております）とあり、携帯電話の苦情についての話題が導入されています。これを受けて、3文目には If you need to talk on the phone, please make sure to go outside and not to disturb others.（通話をする必要がある場合には、必ず外に出てほかの方のご迷惑にならないようお願いいたします）と携帯電話を使用する際の注意が述べられています。したがって、正解は②「マナーについて注意を促す」となります。

解答番号【15】：②　　⇒ 重要度A

　　receive a complaint：苦情を受ける　make sure to do：必ず～するようにする

問2　2文目に To the owner of a silver van with license plate number ABC123, your car headlights are on.（ナンバープレート ABC123 の銀色のバンのオーナーにお伝えします。お車のヘッドライトがついております）とあり、ヘッドライトがつけっぱなしであることが車の所有者に伝えられます。これを受けて、3文目には Please go back to the parking lot and turn them off.（駐車場にお戻りになってヘッドライトを消してくださいますようお願いいたします）と車の所有者への依頼が述べられています。したがって、正解は③「ライトの消し忘れについて知らせる」となります。

解答番号【16】：③　　⇒ 重要度A

May I have your attention, please?：お知らせいたします　turn A off [off A]：Aを消す

問3　1文目に Do you have trouble cooking with seasonal vegetables?（旬の野菜を使ったお料理をするのに苦労していませんか？）とあり、野菜を使った料理の話題が導入されています。これを受けて、2文目には Kumi's Cooking Studio can help!（クミ・クッキング・スタジオがお力になることができます！）と料理教室の具体的な名称が登場し、3文目以降には講師やレッスンの詳細が述べられています。したがって、正解は④「野菜の料理教室を宣伝する」となります。

　　　解答番号【17】：④　　⇒ 重要度A

　　　　have trouble (in) doing：～するのに苦労する
　　　　teach A how to do：Aに～のしかたを教える

5

問1　設問の英文は「就職する前に何を学んでおく必要があるのでしょうか？　ビジネスリーダーのなかには、今日のビジネスの世界における最も重要な3つの【空所】はクリティカル・シンキング、コミュニケーション、コラボレーションだと述べる人もいます。あなたがどんな仕事を選ぼうとも、これらの能力はあなたが仕事において成功するのに役立つでしょう」とあります。2文目の文意を考えてみると、【空所】に入る単語の3つのうちのひとつの具体例がクリティカル・シンキング（批判的思考）であることがわかります。また、3文目では3つのものを these abilities（これらの能力）と言い換えています。したがって、正解は④ skills（技能）となります。

　　　解答番号【18】：④　　⇒ 重要度A

　　　　no matter which [what, who, where, when, how] ～：たとえどの［何、誰、どこで、いつ、いかに］～でも

問2　設問の英文は「日本では、多くの高校に学校の制服があります。学校の制服というのは、日本や韓国、中国といったアジアの国々にのみよく見られるものだと思うかもしれません。しかしながら、【空所】アジアの外においてもよく見られるものなのです。たとえば、オーストラリアのたいていの高校には学校の制服があります」とあります。2文目と3文目では、制服がアジアの国々にのみよく見られるものだと思うかもしれないが、アジアの外でもよく見られると述べられています。ここから、【空所】には予想に反するような事柄を述べる文脈で用いることばが入ることがわかります。したがって、正解は① Surprisingly（驚いたことに）となります。

　　　解答番号【19】：①　　⇒ 重要度A

　　　　A have B：AはBをもっている、AにはBがある［いる］

問3　設問の英文は「シンタと彼の友人たちは、自転車で日帰り旅行をしました。シンタたちは桜が美しいことでよく知られている公園に行くことに決めました。その公園に到着するのに30分しかかからないはずだったのですが、途中で彼らは【空所】。シンタたちは地元の人たちに道をたずねて、ようやく目的地に到着したのですが、その時には出発してから2時間が経っていました」とあります。3文目と4文目にあるように、30分で行くことができると

ころに２時間もかかって到着したのはなぜか、また地元の人に道をたずねているのはなぜかと考えてみると、道に迷ってしまったからだとわかります。したがって、正解は② lost（道に迷った）となります。

解答番号【20】：②　　⇒ **重要度Ｂ**

should have ＋過去分詞：〜するはずだった、〜するべきだった　get lost：道に迷う

6

問１　設問文は「表によると、次の選択肢のうちのどれが正しいですか？」とありますので、解答の根拠は表から探します。①「ESL アカデミーには日本人学生よりも中国人学生が多くいる」とありますが、表の Nationalities of students（学生の国籍）の列を見ると中国人よりも日本人のほうが多いことがわかりますから、①は不正解です。②「スター・ランゲージ・インスティテュートは５つの異なるコースを設置している」とありますが、表の Courses（コース）の列を見ると Beginner（初級）・Intermediate（中級）・Advanced（上級）の３つのコースを設置していることがわかりますから、②は不正解です。③「UB イングリッシュ・スクールは市内に位置している」とありますが、表の Location（立地）の列を見ると a suburb outside the city（市の外の郊外）にあることがわかりますから、③は不正解です。④「３つの学校のクラスはいずれも 25 人以下である」とあります。表の Maximum class size（クラス規模の上限）の列を見ると最大 25 人であることがわかりますので、④が正解です。

解答番号【21】：④　　⇒ **重要度Ａ**

問２　設問文は「この文章によると、次の選択肢のうちのどれが正しいですか？」とありますので、解答の根拠は本文中から探します。①「カナミはこの夏に留学する予定だ」とあります。１段落２文目と３文目にある This summer, she has a chance to make her dream come true. Her university offers a study abroad program in New Zealand for its students, and Kanami was accepted to the program.（この夏、カナミは自分の夢をかなえる機会を得ました。カナミの大学は学生のためにニュージーランドでの留学プログラムを提供しているのですが、そのプログラムへの参加が認められたのです）と内容が合致するので、①が正解です。②「カナミは小学生である」とありますが、１段落３文目の冒頭にある Her university（カナミの大学）という表現からカナミは大学生であることがわかるため、②は不正解です。③「リー先生は高校の数学の先生だ」とありますが、１段落７文目にある her English teacher, Mr. Lee（カナミの英語の先生であるリー先生）という表現からリー先生は英語の先生であることがわかるため、③は不正解です。④「リー先生は学生たちをサマーキャンプに連れていく予定だ」とありますが、本文にはサマーキャンプについての言及がないことから、④は不正解です。

解答番号【22】：①　　⇒ **重要度Ａ**

問３　設問文は「この文章によると、次の選択肢のうちのどれが正しいですか？」とありますので、解答の根拠は本文中から探します。①「リー先生は最初に受講すべきコースを選んではどうかと提案した」とありますが、本文にはリー先生によるコースについての言及がないことから、①は不正解です。②「リー先生は多くの国々からやってきた学生のいる学校で勉強

することを推奨した」とあります。２段落２文目にある He recommended a school where she would be able to meet students from all over the world.（リー先生は世界各地からやってきた学生に出会える学校を推奨しました）と内容が合致するので、②が正解です。③「カナミは自分の大学のクラスサイズはもっと小さくあるべきだと思っていた」とありますが、本文にはカナミの大学のクラスサイズについての言及がないことから、③は不正解です。④「カナミはニュージーランドの文化について学ぶことに重点を置きたかった」とありますが、本文にはニュージーランドの文化についての言及がないことから、④は不正解です。

解答番号【23】：②　　⇒ **重要度Ａ**

【全文訳】

　カナミは小学生の頃からずっと留学したいと思っていました。この夏、カナミは自分の夢をかなえる機会を得ました。カナミの大学は学生のためにニュージーランドでの留学プログラムを提供しているのですが、そのプログラムへの参加が認められたのです。来月に日本を離れる前に、カナミは学び場とする語学学校をひとつ選ばなければなりません。カナミには３つの選択肢があります。ESLアカデミーとスター・ランゲージ・インスティテュートとUBイングリッシュ・スクールです。カナミは、どの語学学校もすべて等しくすばらしいように思われるので、ひとつの学校を選ぶのに苦労していました。そこで、カナミは自分の英語の先生であるリー先生に助言を求めることにしました。

　リー先生はカナミに考慮すべき大事な点をいくつか教えました。リー先生は世界各地からやってきた学生に出会える学校を推奨しました。リー先生によれば、ある学校には非常に多くの日本人学生がいるために、そこで勉強する日本人学生は英語を使う必要はないという気がしてしまうということでした。さまざまな国からやってきた学生に出会うことは、英語力を高めるのにも、異文化について学ぶのにも役立つことがあると、リー先生はカナミに伝えました。また、リー先生は、より少人数のクラスで勉強ができるのであれば、そのほうが良いという指摘もしました。より小規模のクラスであれば、（アクティビティーなどに）参加したり、講師からフィードバックを得たりする機会が増えるということでした。さらに、学校の立地を考えることも大事だと、リー先生は言いました。留学だけでなく観光も楽しむためには、博物館や公園、史跡といった観光スポットに近いところで勉強ができるのであれば、そのほうが良いということでした。

　リー先生と話した後、カナミは各校の情報をもう一度調べました。今では、カナミは語学学校に何を求めるべきかを（リー先生と話す前と比べて）よく理解しています。カナミは、スター・ランゲージ・インスティテュートで勉強することに決めました。カナミは、たくさんの国々からやってきた新たな友人たちに出会い、学校では勉学に励み、さまざまな場所を訪れることを楽しみにしています。

7

問１　設問文は「サムを訪ねたとき、ローラは【空所】」とありますから、サムを訪ねたときのことが書かれている箇所つまり第１段落に解答の根拠があるはずです。①「サムのアパートを片付けるのを手伝った」とありますが、本文にはローラがサムの手伝いをすることについての言及がないことから、①は不正解です。②「サムがほとんど物を所有していないことを知った」とあります。解答の根拠はいくつかありますが、たとえば１段落１文目にある it seemed almost empty（アパートはほとんど空っぽのように見えた）という表現、あるいは4文目にある I own a very small number of items.（ごく少数の物だけをもっているんだ）というサムのことばから、サムがほとんど物をもっていないことを知ったと考えられますので、②が正解です。③「サムのアパートがとても汚いので驚いた」とありますが、1段落1文目に because it seemed almost empty（アパートはほとんど空っぽのように見えたので）とあるため、③は不正解です。④「あまりに狭かったのでサムの家は居心地が良くないことがわかった」とありますが、1段落8文目に she found his place comfortable, too（ローラにもサムの家は居心地の良いことがわかったのでした）とあるため、④は不正解です。

解答番号【24】：②　　⇒ 重要度Ａ

問2　設問文は「自分のアパートを片付けはじめたとき、ローラは【空所】」とありますから、ローラの自宅に戻ってからのことが書かれている箇所つまり第2段落に解答の根拠があるはずです。①「自分のアパートを片付けるのは難しいということがわかった」とあります。2段落2文目にある She decided to clean her place like Sam's, but once she started, she found it very difficult to throw away anything.（ローラは、サムの家のように自分の家をきれいにする決心をしました。しかし、ひとたびはじめてみると、何か物を捨てるのは非常に難しいということがわかりました）と内容が合致するので、①が正解です。②「助けてもらうためにサムに電話した」とありますが、本文には電話についての言及がないことから、②は不正解です。③「自分のアパートを片付けるのは非常に楽しいと思った」とありますが、先に引用した2段落2文目に「非常に難しい」ことがわかったとあるだけでなく、4文目に After one hour, she gave up.（1時間後、ローラは断念しました）とあるため、③は不正解です。④「すべての物を処分することを決めた」とありますが、2段落3文目に She thought she needed everything.（ローラにはすべての物が必要だと思えたのです）とあるため、④は不正解です。

解答番号【25】：①　　⇒ 重要度Ａ

問3　設問文は「サムはローラに【空所】勧めた［と助言した］」とありますから、サムによるアドバイスが書かれている箇所つまり第3段落に解答の根拠があるはずです。選択肢は①「フリーマーケットで衣服を売ることができる（と助言した）」、②「ボランティア活動をするために新しい服を買うよう（勧めた）」、③「すべて一度に物を捨てる必要はない（と助言した）」、④「衣服を捨てるのではなくいつまでも取っておくよう（勧めた）」とあります。3段落6文目にある Also, Sam told her that she should make a box to keep things that she does not use anymore.（もう使っていない物を入れておく箱をつくるといいと、サムはローラに伝えました）から、サムは片付けの過程で処分するか否かを一時保留にする方法を提示していることがわかりますので、正解は③となります。

解答番号【26】：③　　⇒ 重要度Ｂ

問4　設問文は「ローラは【空所】」とあります。最後の設問ですので、通例、最終段落に解答の根拠があると考えられます。①「自分の身のまわりの物を減らす方法を見つけた」とあります。4段落2文目にある「保管用の箱」と「寄付用の箱」を用いるというやり方によって、4文目にあるように these two boxes were full, and her closet had more room than before（これらの2つの箱はいっぱいになり、ローラのクローゼットには以前よりも余裕ができました）という結果になったことがわかりますので、①が正解です。②「自分の衣服のうち

の大半を捨てた」とありますが、4段落6文目にある She still had a lot more things than Sam（ローラはまだサムよりもずっと多くの物をもっていました）という表現から、大半を捨てたとは考えられないため、②は不正解です。③「片付けが終わったあとでみじめな気持ちになった」とありますが、4段落5文目に She felt happy and fulfilled.（ローラはうれしく感じ、また満足感を覚えました）とあるため、③は不正解です。④「サムよりももっと多くの物を手に入れたかった」とありますが、ローラは物を減らすことに取り組んでいたため、④は不正解です。

解答番号【27】：①　　⇒ **重要度A**

【全文訳】
　ある日、ローラは友達のサムのアパートを訪ねてみると、アパートはほとんど空っぽのように見えたので非常に驚きました。ローラはサムにどこに身のまわりの物を置いているのかとたずねました。「物をたくさん置かないようにしていて、ごく少数の物だけをもっているんだ」とサムは答えました。サムがローラにクローゼットの中を見せると、そこには、ジャケット1着、シャツ2着、Tシャツ3着、ズボン3本といった、ほんの数点の衣服があるだけでした。サムはこう言いました、「以前はよくたくさんの物をもっていたけれども、ある日、そのうちの大半はいらないと気付いてね。いったん必要のない物を捨てたら、居心地が良くなったんだよ」と。依然としてローラは驚いていましたが、ローラにもサムの家は居心地の良いことがわかったのでした。

　ローラは自分のアパートに戻ると、あまりに物が多いことに気が付きました。ローラは、サムの家のように自分の家をきれいにする決心をしました。しかし、ひとたびはじめてみると、何か物を捨てるのは非常に難しいということがわかりました。ローラにはすべての物が必要だと思えたのです。1時間後、ローラは断念しました。

　その翌日、ローラはサムに前日の出来事について話しました。サムはにっこりしてこう言いました、「身のまわりの物を減らしはじめたときに同じように感じたよ」と。それから、サムはローラにアドバイスをしました。たとえば、衣服を捨てるのではなくて寄付したらいいとローラに伝えました。そのようにすれば、自分のお気に入りの服を誰かが着てくれることになると思えて、あまり悲しさを感じなくなったり、あるいは罪悪感を抑えられたりするということでした。さらに、もう使っていない物を入れておく箱をつくるといいとローラに伝えました。もしその箱にある物をもう1年経っても使わなければ、おそらくそれはこの先もずっと必要ないということになるから、そういった物を寄付することもできるということでした。

　その夜、ローラは2つの箱を用意しました。使っていない物は保管用の箱の中に入れ、その他の物は寄付用の箱の中に入れました。今度は、ローラは何を取っておくべきなのか、またそれぞれの物をどう処理すべきなのかを決めることができました。片付けをして2時間が経つと、これらの2つの箱はいっぱいになり、ローラのクローゼットには以前よりも余裕ができました。ローラはうれしく感じ、また満足感を覚えました。ローラはまだサムよりもずっと多くの物をもってはいましたが、今や自分のアパートに（以前よりも）はるかに居心地の良さを感じているのでした。

令和3年度 第2回
高卒認定試験

英　語

解答時間　50 分

英　　　語

$\left(\text{解答番号}\ \boxed{1}\ \sim\ \boxed{27}\ \right)$

$\boxed{1}$　次の1から3までの対話において，下線を引いた語の中で最も強く発音されるものを，それぞれ①～④のうちから一つずつ選びなさい。解答番号は $\boxed{1}$ ～ $\boxed{3}$ 。

1　A：Mom, do you know where my phone is?

　　B：Well, I saw it in the living room.

　　A：I checked there, but I couldn't find it.

　　B：How about the kitchen? Have you checked there?
　　　　①　　②　　③　　④

　　　　　　　　　　　　　　　　　　　　　　　　　　　　$\boxed{1}$

2　A：Do you know Mr. Suzuki?

　　B：Yes. I took his English class last year.

　　A：English class? I thought he was a math teacher.
　　　　　　　　　　　　　　　　　①　②　　③　　④

　　B：Oh, maybe I'm talking about a different person.

　　　　　　　　　　　　　　　　　　　　　　　　　　　　$\boxed{2}$

3　A：I haven't seen you lately.

　　B：I was absent from work for three days.

　　A：Were you sick?

　　B：No, not me. My daughter was sick.
　　　　　　　　　　　①　　②　　　③　　④

　　　　　　　　　　　　　　　　　　　　　　　　　　　　$\boxed{3}$

2 次の1から5までの対話文の 内に入れるのに最も適当なものを，それぞれ①～④のうちから一つずつ選びなさい。解答番号は 4 ～ 8 。

1 （At home）

A : I'm going to the grocery store.

B : Could you get a few things for me?

A : 　4

B : Thank you. I'll give you a list.

① Sure, tell me what you need.　② Of course, we can sell them online.

③ Actually, that store is popular.　④ Come on, you need them.

2 （At a clothing store）

A : May I help you?

B : Yes. Can I use this coupon?

A : I'm sorry. It's expired. 　5

B : Oh, I didn't check the date.

① We don't accept any coupons.　② We don't have any discount items.

③ The item was on sale.　④ Yesterday was the last day.

3 （At a ticket office）

A : Hi, we'd like to buy two tickets for the show.

B : There are shows at 3 p.m. and 5 p.m. Which would you prefer?

A : 　6

B : Then I recommend the one at 3 p.m. You can sit in the first row.

① We'll see you at 5 p.m.　② We've already paid for them.

③ We want to sit in the front.　④ We'll go home to have dinner.

4　（In a classroom）

A：Have you finished your homework?

B：What? Did we have homework?

A：Yes!　| 7 |

B：Oh, no. I totally forgot!

① I got a high score.　　② We had to write an essay.

③ You were always right.　④ Mr. Tanaka was my teacher.

5　（On a street）

A：Excuse me. Do you know any good Japanese restaurants around here?

B：Oh, yes. There is one called *Hana* near the subway station.

A：　| 8 |

B：No, it's only about a ten-minute walk.

① Is it far from here?　　② Can you join us?

③ Do you like it?　　　　④ Does it taste good?

3 次の１から３の各英文がまとまりのある文章になるようにそれぞれ①～⑤の語を並べかえたとき，２番目と４番目に入るものを選びなさい。解答番号は 9 ～ 14 。

1 Tomoki is busy doing club activities after school from Monday to Friday. When he gets home, he is so tired that he cannot study at all. So, _____ 9 _____ 10 _____ the library on weekends.

① decided   ② at   ③ he

④ study   ⑤ to

2 Lake Tazawa in Akita Prefecture is surrounded by beautiful nature. The color of the water changes from blue to green depending on the season. It is also _____ 11 _____ 12 _____ in Japan. It attracts many foreign tourists as well as Japanese.

① the   ② known   ③ as

④ deepest   ⑤ lake

3 In the past, ordering food delivery online was not so popular. However, these days, the _____ 13 _____ 14 _____ online is increasing. This is because food delivery apps have made ordering delivery much easier and quicker.

① ordering   ② food   ③ people

④ of   ⑤ number

4 次の1から3の各メッセージの送り手が意図したものとして最も適当なものを，それぞれ①～④のうちから一つずつ選びなさい。解答番号は 15 ～ 17 。

1　Attention, shoppers. Thank you for shopping at ABC Mall. To the driver of the black station wagon, license plate K 12-34, please move your vehicle immediately. It is parked in the delivery truck area and is blocking access for some delivery trucks. Thank you for your cooperation.

① 当選番号を知らせる。　　　　　② 自動車の移動を依頼する。
③ 新商品を紹介する。　　　　　　④ 避難経路を確認する。

15

2　Our university library not only owns a great collection of books but also offers study rooms for individuals and groups. Rooms are available for anyone with a library card and can be reserved for a maximum of five hours per group per day. You can make a reservation two weeks in advance at the front desk.

① 本の貸出期間を説明する。　　　② 図書館の開館時間を知らせる。
③ 学習室の予約方法を説明する。　④ 新刊図書の内容を知らせる。

16

3　We are opening a Japanese restaurant next month in downtown Sydney. We are looking for staff members who can speak Japanese. If you are interested, please contact Mike Suzuki at (03) 1233 4566. We look forward to hearing from you.

① メニューを紹介する。　　　　　② 従業員を募集する。
③ 電話番号の変更を通知する。　　④ 日本語教室の案内をする。

17

令和３年度第２回試験

5 次の１から３の各英文の [ ] 内に入れるのに最も適当なものを，それぞれ①～④のうちから一つずつ選びなさい。解答番号は [18] ～ [20] 。

1 Portland, Oregon is said to be an environmentally friendly city. The city is full of shared bicycles and bike lanes. It's also easy to walk around the city. There, you can get to your home, workplace, and shops on foot or by bicycle, so you don't need to own a [18] .

① phone   ② house   ③ school   ④ car

2 Baked beans is a dish cooked in some type of sauce. The taste is [19] in each country. In the UK, the beans are cooked in a simple tomato sauce, while in the US, the beans are cooked with pork and brown sugar and taste much sweeter.

① different   ② mild   ③ similar   ④ spicy

3 Recently, a lot of plastic garbage has been thrown into the ocean. This causes serious problems for marine animals. [20] this situation, many businesses have stopped using plastic products such as straws and bags, and people are now starting to care more about plastic waste in the ocean.

① Regardless of   ② Because of   ③ Compared to   ④ Instead of

6　次のグラフ及び英文を読み，1から3の質問の答えとして最も適当なものを，それぞれ①〜④のうちから一つずつ選びなさい。解答番号は　21　〜　23　。

In recent years, the teachers at Doc Show High School have noticed that their students' reading skills are becoming weaker. So, at the beginning of the school year, they took a survey on the students' reading habits. One hundred first-year students were asked how many books they usually read in a month. The students who do not read books at all were also asked the reasons. They could choose more than one reason.

The teachers were very surprised to find out how many students do not read any books at all. The most common reason is that they do not have time. The second most common reason is that they want to do other things. Also, some students said that they do not think reading is important. The teachers realized that they had to do something to encourage their students to read more.

The teachers started by telling students about their favorite books when they were in high school. They talked about why they enjoyed the book and what they learned from it. Then, they got students to do 15 minutes of reading every morning. Students were told to read any book they like. They were also required to introduce the book that they read to the class. Many students said that they enjoyed talking about their book. They were also very interested in what book their friends read. The teachers felt their efforts were successful as they noticed more students started to visit the school library to borrow books.

1 According to the pie chart and the graph, which of the following is true?

① No students read three or four books in a month.

② More than half of the students do not read any books.

③ Only a few students answered they do not have time to read.

④ Most students answered reading is not important.

21

2 According to the passage, which of the following is true?

① The teachers noticed their students read difficult books.

② The teachers surveyed 100 third-year students.

③ The teachers thought their students read too much.

④ The teachers encouraged their students to read more.

22

3 According to the passage, which of the following is true?

① The teachers introduced the books they enjoyed to their students.

② The students had to read to their classmates every day.

③ The students thought talking about books was boring.

④ The teachers worked at school during the winter holidays.

23

7 次の英文を読み，１から４の □ 内に入れるのに最も適当なものを，それぞれ①～④のうちから一つずつ選びなさい。解答番号は □ 24 □ ～ □ 27 □ 。

Miki ran an Italian restaurant with her husband in the suburbs of Tokyo. All their staff worked hard and many customers came to enjoy their food. She was satisfied with their work, but she always felt bad about how much food was wasted. Customers often did not finish all their food, and the staff had to throw it away. The amount of food they wasted was not small, so she felt she had to do something about it.

One day, Miki came up with a way to solve their food waste problem and told her husband about her idea. She suggested that the restaurant make a signboard to show customers how much food was being wasted. She thought it was a good idea, but her husband disagreed. He thought that the customers would not want to read about food waste because they had come to enjoy a meal. He was worried about losing customers. Miki thought he had a good point and gave up on the signboard idea.

However, Miki still tried to find another solution. One day, she saw a TV program that explained it is quite normal for people in foreign countries to bring back leftovers when they eat out. She proposed this idea to her husband. Her husband said he was worried that if customers get sick from the food, they will complain to the restaurant. She explained that more and more restaurants have started allowing customers to bring their food home, but they have not had any problems. She said they can tell customers it would be their responsibility if they choose to bring the food home. Miki also pointed out that this would save money for the restaurant because they can reduce the amount of food waste. Finally, her husband accepted her idea. He understood her consideration towards the customers, the restaurant, and the environment.

1 Miki thought she had to ⎡ 24 ⎤

① quit her part-time job.

② eat everything at a restaurant.

③ reduce food waste.

④ make small dishes.

2 Miki's husband didn't accept her first idea because he thought ⎡ 25 ⎤

① it would cost too much money to realize.

② customers wouldn't come to the restaurant.

③ customers didn't have enough time.

④ she had better ideas in the past.

3 Miki thought it was a good idea that the customers ⎡ 26 ⎤

① learn how to make Italian food.

② watch TV at the restaurant.

③ eat at home more often.

④ bring home the food they can't finish.

4 Miki explained to her husband that ⎡ 27 ⎤

① the customers might get sick.

② the customers might order less.

③ the restaurant would save money.

④ the restaurant would hire more people.

令和3年度　第2回

解答・解説

📖 令和3年度　第2回　高卒認定試験

【 解 答 】

1	解答番号	正答	配点	2	解答番号	正答	配点	3	解答番号	正答	配点	4	解答番号	正答	配点
問1	1	④	4	問1	4	①	4	問1	9	①	4	問1	15	②	4
問2	2	③	4	問2	5	④	4		10	④		問2	16	③	4
問3	3	②	4	問3	6	③	4	問2	11	③	4	問3	17	②	4
-	-			問4	7	②	4		12	④		-	-		
-	-			問5	8	①	4	問3	13	④	4	-	-		
-	-			-	-				14	①		-	-		

5	解答番号	正答	配点	6	解答番号	正答	配点	7	解答番号	正答	配点
問1	18	④	4	問1	21	②	4	問1	24	③	5
問2	19	①	4	問2	22	④	4	問2	25	②	5
問3	20	②	4	問3	23	①	4	問3	26	④	5
-	-			-	-			問4	27	③	5
-	-			-	-			-	-		

【 解 説 】

1

問1　Aさんが B さんに「お母さん、私の（携帯）電話がどこにあるか知っている？」と尋ねます。
Bさんは「ええと、リビングで見たわよ」と答えます。それを聞いた A さんは「リビング
は確認してみたけれど見つからなくて」と言います。それに対して B さんは「キッチンは
どうかな？　キッチンは確認してみた？」と答えています。

　　リビングは確認したが（携帯）電話が見つからないという A さんに対して、B さんは下
線部を含む文で（それならばリビングではなく）キッチンを確認してみたらどうかと提案し
ています。B さんは「リビング」と対になる「キッチン」を強調したいはずですので、正解
は④ kitchen となります。

解答番号【1】：④　⇒ 重要度A

　　How about O（目的語）？：～（をして）はどうか？

問2　Aさんが B さんに「スズキさんをご存じですか？」と尋ねます。B さんは「はい。去年、
スズキさんの英語の授業を受けていました」と答えます。それを聞いた A さんは「英語の
授業ですか？　スズキさんは数学の先生だったかと思います」と言います。それに対して B
さんは「あっ、おそらく私は違う人のことを話していますね」と答えています。

　　スズキさんの英語の授業を取っていたという B さんに対して、A さんは下線部を含む文
でスズキさんは英語の先生ではなく数学の先生であると訂正しています。A さんは「英語」

と対になる「数学」を強調したいはずですので、正解は③ math となります。

解答番号【2】：③　　⇒ 重要度A

　take an English [a math] class：英語［数学］の授業を受ける

問3　AさんがBさんに「ここのところ見掛けませんでしたね」と話し掛けます。Bさんは「3日間仕事を休んでいまして」と言います。それを聞いたAさんは「病気だったのですか？」と尋ねます。それに対してBさんは「いえ、私ではないです。娘が病気だったのです」と答えています。

　病気で休んでいたのかと尋ねるAさんに対して、Bさんは下線部を含む文で病気だったのは私ではなく自分の娘であると訂正しています。Bさんは「私」と対になる「娘」を強調したいはずですので、正解は② daughter となります。

解答番号【3】：②　　⇒ 重要度A

　be absent from ～：～を欠席する、休む

2

問1　家での対話です。AさんがBさんに「食料雑貨店に行ってくるよ」と話し掛けます。Bさんは「私の代わりにちょっとものを買ってきてくれる？」と尋ねます。それを聞いたAさんは「【問題箇所】」と答えます。それに対してBさんは「ありがとう。リストを渡すね」と言っています。

　Bさんが買い物を依頼する文の直後に【問題箇所】があり、またBさんは「ありがとう」とお礼を言っていることから、AさんはBさんの依頼に応じたことがわかります。したがって、正解は① Sure, tell me what you need.（いいよ、必要なものを教えて）となります。

解答番号【4】：①　　⇒ 重要度A

　what you need：あなたが必要とするもの、あなたが何を必要としているのか

問2　衣料品店での対話です。AさんがBさんに「どうなさいましたか？」と話し掛けます。Bさんは「はい。このクーポンは使えますか？」と尋ねます。それを聞いたAさんは「申し訳ございません。こちらは有効期限が過ぎております。【問題箇所】」と答えます。それに対してBさんは「あっ、日付を確認していませんでした」と言っています。

　Aさんがクーポンの有効期限切れを伝える文の直後に【問題箇所】があり、またBさんは（有効期限の）日付に言及していることから、【問題箇所】には有効期限に関する内容の文が入ることがわかります。したがって、正解は④ Yesterday was the last day.（昨日が［有効期限の］最終日でした）となります。

解答番号【5】：④　　⇒ 重要度A

　It's (= It has) expired.：（それは）有効期限が切れている

問3　チケット売り場での対話です。AさんがBさんに「こんにちは、このショーのチケットを2枚購入したいのですが」と話し掛けます。Bさんは「午後3時の回と午後5時の回がございます。どちらがよろしいですか？」と尋ねます。それを聞いたAさんは「【問題箇所】」と言います。それに対してBさんは「それでしたら、午後3時の回をおすすめします。最前列にお掛けになれますよ」と答えています。

　【問題箇所】の直後でBさんが Then（それでしたら）と始めていますので、Aさんは【問

題箇所】で何か要望を伝えたことがわかります。また、B さんが対話の末尾で最前列で観覧ができると言い添えていることから座席についての要望であることがわかります。したがって、正解は③ We want to sit in the front.（最前列の席に座りたいです）となります。

解答番号【6】：③　　⇒ 重要度 B

　　Which would you prefer?：どちらがよろしいですか？

問 4　教室での対話です。A さんが B さんに「宿題は終わった？」と尋ねます。B さんは「何？宿題なんてあった？」と答えます。それを聞いた A さんは「あったよ！【問題箇所】」と言います。それに対して B さんは「ああ、しまった。完全に忘れていたよ！」と答えています。

　　B さんの宿題の有無についての質問に対して A さんが「あったよ！」と答えた直後に【問題箇所】がありますから、【問題箇所】には宿題に関する内容の文が入ることがわかります。したがって、正解は② We had to write an essay.（小論を書かなければならなかったんだよ）となります。

解答番号【7】：②　　⇒ 重要度 A

　　have to 動詞の原形：〜しなければならない

問 5　街路での対話です。A さんが B さんに「すみません。このあたりにどこか良い日本料理店がないかご存じですか？」と言います。B さんは「あっ、知っていますよ。地下鉄の駅の近くに Hana という日本料理店があります」と答えます。それを聞いた A さんは「【問題箇所】」と言います。それに対して B さんは「いや、ほんの徒歩 10 分程度ですよ」と答えています。

　　【問題箇所】の直後で B さんはお店までの所要時間を答えていますから、【問題箇所】には距離や時間を問う文が入ることがわかります。したがって、正解は① Is it far from here?（ここから遠いのですか？）となります。

解答番号【8】：①　　⇒ 重要度 A

　　Is it far from A (to B)?：A から（B までは）遠いですか？

3

問 1　設問の英文は「トモキは月曜日から金曜日まで放課後は部活動で忙しくしています。トモキは帰宅したときには、とても疲れているのでまったく勉強することができないのです。それで、【問題箇所】」となっています。解答のポイントは① decided です。よく使われる〈decide to 動詞の原形〉というカタマリができないかと考えてみますと、⑤ to と④ study があります。また、the library（図書館）を学ぶことはできませんから、場所の前には前置詞である② at を置くと考えます。したがって、完成文は he decided to study at the library on weekends.（トモキは週末に図書館で勉強することに決めました）となります。

解答番号【9】：①　解答番号【10】：④　　⇒ 重要度 A

問 2　設問の英文は「秋田県の田沢湖は美しい自然に囲まれています。田沢湖の水の色は季節によって青から緑へと変わります。田沢湖はまた【問題箇所】。この湖は日本人だけでなくたくさんの海外からの旅行者を引き付けているのです」となっています。解答のポイントは② known です。よく使われる〈be known as 〜〉というカタマリができないかと考えてみますと、be 動詞である is はすでに設問の英文にあり、選択肢に③ as があります。また、④

deepest は deep の最上級ですから、① the がセットになることがわかります。したがって、完成文は It is also known as the deepest lake in Japan.（田沢湖はまた日本で最も深い湖としても知られています）となります。

解答番号【11】: ③　解答番号【12】: ④　⇒ 重要度A

depending on 〜 ： 〜によって、〜に応じて
be known as 〜 ： 〜として知られている

問3　設問の英文は「昔はネットで出前を注文することはそれほどポピュラーではありませんでした。しかしながら、最近では【問題箇所】。なぜなら、出前のアプリの登場によって宅配を注文することが以前よりずっと簡単に手早くできるようになったからです」となっています。解答のポイントは【問題箇所】の直後にある is increasing（増えつつある）です。何が増えつつあるのかと考えて選択肢を見てみると⑤ number が見つかりますから、ある数字が増えつつあるのだとわかります。また、【問題箇所】の前文の ordering food delivery online という表現を参考にすると、ordering food online というカタマリをつくることができます。この ordering food online は people の後に配置することになります（この ordering は現在分詞で、前文と後文の動名詞としての ordering とははたらきが異なります）。したがって、完成文は the number of people ordering food online is increasing.（ネットで食べ物を注文する人々の数が増えつつあります）となります。

解答番号【13】: ④　解答番号【14】: ①　⇒ 重要度B

make O（目的語）C（補語）： O を C の状態にする

4

問1　3文目に To the driver of the black station wagon, license plate K 12-34, please move your vehicle immediately.（ナンバープレート K 12-34 の黒のステーションワゴンのドライバーにお伝えします。至急、お車の移動をお願い申し上げます）という依頼を伝える文があります。これを受けて、4文目には It is parked in the delivery truck area and is blocking access for some delivery trucks.（お車が配送のための区域に駐車されていて配送車の通行が妨げられております）とその依頼の理由が述べられています。したがって、正解は②「自動車の移動を依頼する」となります。

解答番号【15】: ②　⇒ 重要度A

block access for 〜 ： 〜が入ることを阻止する、〜が利用することをはばむ

問2　2文目に Rooms are available for anyone with a library card and can be reserved for a maximum of five hours per group per day.（学習室は図書貸出カードをお持ちであればどなたでも利用可能で、ひとつのグループにつき1日最大5時間予約することができます）とあり、学習室の利用可能者とその予約についての話題が出てきます。これを受けて、3文目には You can make a reservation two weeks in advance at the front desk.（予約は2週間前から可能で受付で承っております）と具体的な学習室の予約方法が示されています。したがって、正解は③「学習室の予約方法を説明する」となります。

解答番号【16】: ③　⇒ 重要度A

make a reservation ： 予約する　cf. reserve 〜 ： 〜を予約する

問3　2文目と3文目に We are looking for staff members who can speak Japanese. If you are interested, please contact Mike Suzuki at (03) 1233 4566.（日本語を話すことができるスタッフを探しているところです。もしご興味がございましたら、電話番号 (03) 1233 4566 にてマイク・スズキまでご連絡ください）というスタッフの募集を伝える文があります。したがって、正解は②「従業員を募集する」となります。

解答番号【17】:②　　⇒ 重要度A

　　contact A (at B)：(B で) A と連絡をとる

5

問1　設問の英文は「オレゴン州ポートランドは環境にやさしい都市だと言われています。この都市にはシェアサイクルと自転車専用レーンがたくさんあります。市内を歩き回ることもまた容易です。ポートランドでは、徒歩あるいは自転車で家にも職場にもお店にも行くことができますから、【問題箇所】を所有する必要はないのです」とあります。【問題箇所】を含む文では徒歩や自転車といった交通手段を話題としていますから、【問題箇所】にも交通手段が入ることがわかります。したがって、正解は④ car（車）となります。

解答番号【18】:④　　⇒ 重要度A

　　get to ～：～に着く、～に行く

問2　設問の英文は「ベイクト・ビーンズはソースで調理される料理です。この味は国によって【問題箇所】。イギリスではベイクト・ビーンズはシンプルなトマトソースで調理されるのに対して、アメリカではベイクト・ビーンズは豚肉とブラウンシュガーとともに調理され、イギリスのものに比べてずっと甘い味がします」とあります。【問題箇所】の後にはイギリスとアメリカのベイクト・ビーンズの違いに関する内容が続いています。したがって、正解は① different（違っている、異なっている）となります。

解答番号【19】:①　　⇒ 重要度B

　　S（主語）V（動詞）, while S V.：S V なのに対して S V

問3　設問の英文は「最近、たくさんのプラスチックごみが海に投棄されています。このことが海洋動物に深刻な問題をもたらしています。この状況【問題箇所】、多くの企業がストローや袋のようなプラスチック製品を使用するのを中止し、人々は今、海中のプラスチック廃棄物に以前よりも関心を持ち始めています」とあります。「この状況」（＝プラスチックごみのせいで海洋動物に問題を引き起こしている状況）が「原因」で、【問題箇所】以降が「結果」という構造になっています。したがって、正解は② Because of（～のために）となります。

解答番号【20】:②　　⇒ 重要度B

　　S（主語）cause B for A / S cause A B：S が A に B をもたらす　※ 原因 cause 結果

6

問1　設問文：円グラフとグラフによると、次の選択肢のうちのどれが正しいですか？【21】
　　①「ひと月に3冊か4冊の本を読む生徒はいません」とありますが、円グラフを見ると3冊か4冊の本を読む生徒は 9% となっているため、①は不正解です。②「生徒のうちの半数以上がまったく本を読みません」とあり、円グラフを見ると 0 冊の生徒は 59% となって

いるので、②が正解です。③「ほんのわずかの生徒が読書をする時間がないと回答しました」とありますが、グラフを見ると時間がないと回答した生徒は（読書をまったくしないという生徒のうちの）64％となっているため、③は不正解です。④「大半の生徒が読書は重要ではないと回答しました」とありますが、グラフを見ると読書が重要ではないと回答した生徒は（読書をまったくしないという生徒のうちの）11％となっているため、④は不正解です。

解答番号【21】：②　　⇒ **重要度A**

問2　設問文：この英文によると、次の選択肢のうちのどれが正しいですか？　【22】

①「この教師たちは生徒たちが難しい本を読んでいることに気付きました」とありますが、本文には本の難易度についての言及がないことから、①は不正解です。②「この教師たちは三年生の100人の生徒を調査しました」とありますが、1段落3文目に One hundred first-year students were asked how many books they usually read in a month.（一年生の100人の生徒に、ふだんひと月に何冊の本を読むかと尋ねました）とあるため、②は不正解です。③「この教師たちは生徒たちが読書をし過ぎていると考えました」とありますが、2段落1文目に The teachers were very surprised to find out how many students do not read any books at all.（教師たちは本を一冊たりとも読まないという生徒がどれほど多いかがわかって非常に驚きました）とあるため、③は不正解です。④「この教師たちは生徒たちがもっと読書をするよう仕向けました」とあります。2段落5文目に The teachers realized that they had to do something to encourage their students to read more.（教師たちはわが校の生徒たちがもっと読書に励むよう何かをしなければならないと悟ったのです）とあり、3段落ではその取り組みが述べられているので、④が正解です。

解答番号【22】：④　　⇒ **重要度A**

問3　設問文：この英文によると、次の選択肢のうちのどれが正しいですか？　【23】

①「この教師たちは自分がかつて楽しんだ本を生徒たちに紹介しました」とあり、3段落1文目にある The teachers started by telling students about their favorite books when they were in high school.（教師たちは高校生のときの愛読書について生徒たちに話すことから始めました）と内容が合致するので、①が正解です。②「この生徒たちは毎日クラスメイトに本を読み聞かせなければならなかった」とありますが、3段落5文目に They were also required to introduce the book that they read to the class.（生徒たちはまた自分が読んだ本をクラスに向けて紹介するよう求められてもいました）とあるため、②は不正解です。③「この生徒たちは本について話をすることは退屈だと考えました」とありますが、3段落6文目に Many students said that they enjoyed talking about their book.（多くの生徒たちが自分の読んだ本について話すのは楽しいと言っていました）とあるため、③は不正解です。④「この教師たちは冬休みの間も学校で働いていました」とありますが、本文には冬休みについての言及がないことから、④は不正解です。

解答番号【23】：①　　⇒ **重要度A**

【全文訳】

　　ここ数年、ドク・ショー高校の教師たちは当校の生徒たちの読解力が以前よりも落ちつつあることに気付いていました。それを受けて、学年度のはじめに教師たちは生徒たちの読書週間に関する調査を行いました。一年生の100人の生徒に、ふだんひと月に何冊の本を読むかと尋ねました。読書をまったくしないという生徒には、さらにその理由も尋ねました。

理由についてはひとつ以上選ぶことも可能でした。

　教師たちは非常に驚きました。本を一冊たりとも読まないという生徒が多いことがわかったからです。最も多く選ばれた理由は時間がないということで、次に多く選ばれた理由はほかのことをしたいということでした。また、読書が大事だとは思わないと述べる生徒もいました。教師たちはわが校の生徒たちがもっと読書に励むよう何かをしなければならないと悟ったのでした。

　教師たちは高校生のときの愛読書について生徒たちに話すことから始めました。その本を楽しんだ理由やその本から学んだことについて話をしました。次に、生徒たちに毎朝15分間の読書をしてもらうことにしました。生徒たちは好きな本を読むよう伝えられ、また自分が読んだ本をクラスに向けて紹介するよう求められてもいました。多くの生徒たちが自分の読んだ本について話すのは楽しいと言っていました。そのうえ、友人がどんな本を読んだのか非常に興味をもっていました。教師たちは、以前よりも多くの生徒が本を借りるために学校の図書館に足を運んでいることに気付き、自分たちの取り組みはうまくいったのだと感じました。

7

問1　設問文：ミキは【24】しなければならないと考えました。

　①「アルバイトをやめる」とありますが、1段落1文目に Miki ran an Italian restaurant with her husband in the suburbs of Tokyo.（ミキは東京の郊外で夫とともにイタリア料理店を経営していました）とあるため、①は不正解です。②「レストランでは残さず食べる」とありますが、本文にはミキがレストランでどう食事をするかについての言及がないことから、②は不正解です。③「食品廃棄物を減らす」とあり、1段落5文目にある The amount of food they wasted was not small, so she felt she had to do something about it.（ミキたちが廃棄する食べ物の量は少なくないことから、ミキはそのことについて何かをしなければならないという気がしていました）と内容が合致するので、③が正解です。④「小皿料理を作る」とありますが、本文には小皿料理についての言及がないことから、④は不正解です。

　解答番号【24】：③　　⇒ 重要度B

問2　設問文：ミキの夫は【25】と思ったので、ミキの最初の案を受け入れませんでした。

　①「その案は非常に多くのお金が掛かるので実現できないだろう」とありますが、本文には金銭面の心配についての言及がないことから、①は不正解です。②「お客がレストランに来なくなるだろう」とあり、2段落4文目と5文目にある He thought that the customers would not want to read about food waste because they had come to enjoy a meal. He was worried about losing customers.（ミキの夫は、お客は食事を楽しみに来ているのだから食品廃棄物について読んで知りたくもないだろうと考えたのです。ミキの夫はそれによってお客を失うのではないかとも心配していました）と内容が合致するので、②が正解です。③「お客に十分な時間がない」とありますが、本文には客に時間が十分にあるかどうかについての言及がないことから、③は不正解です。④「ミキは過去により優れた案をもっていた」とありますが、本文にはミキの過去の案についての言及がないことから、④は不正解です。

　解答番号【25】：②　　⇒ 重要度B

問3　設問文：ミキはお客が【26】のは良い案だと考えました。

①「イタリア料理の作り方を学ぶ」とありますが、本文にはイタリア料理の作り方についての言及がないことから、①は不正解です。②「レストランでテレビを観る」とありますが、本文には客がテレビを観るかどうかについての言及がないことから、②は不正解です。③「もっと頻繁に自宅で食事をする」とありますが、本文には自宅での食事の頻度についての言及がないことから、③は不正解です。④「食べ切れなかった料理を家に持ち帰る」とあり、3段落2文目と3文目にある One day, she saw a TV program that explained it is quite normal for people in foreign countries to bring back leftovers when they eat out. She proposed this idea to her husband.（ある日、ミキはあるテレビ番組を観ていました。そのテレビ番組では、外国の人々にとって外食の際に食べ残しを持ち帰るのはごくふつうのことであると説明していたのです。ミキはこのアイディアを夫に提案しました）と内容が合致するので、④が正解です。

解答番号【26】：④　　⇒ **重要度 A**

問4　設問文：ミキは夫に【27】と説明しました。
　①「お客が病気になるかもしれない」とありますが、3段落4文目にあるように、客が病気にかかることを心配したのはミキではなくミキの夫であることから、①は不正解です。②「お客が注文する量が減る」とありますが、本文には客の注文量についての言及がないことから、②は不正解です。③「レストランのお金の節約になるだろう」とあり、3段落7文目にある Miki also pointed out that this would save money for the restaurant because they can reduce the amount of food waste.（さらに、食品廃棄物の量を減らすことができるのだから、こうすることによってレストランのお金を節約することになるとも、ミキは指摘しました）と内容が合致するので、③が正解です。④「レストランはより多くの人を雇うだろう」とありますが、本文にはスタッフを増やすかどうかについての言及がないことから、④は不正解です。

解答番号【27】：③　　⇒ **重要度 A**

【全文訳】
　ミキは東京の郊外で夫とともにイタリア料理店を経営していました。すべてのスタッフが一生懸命働いてくれますし、たくさんのお客がミキたちの作る料理を楽しみにやってきました。ミキはスタッフたちの働きに満足していましたが、いつも多量の食べ物が無駄になっていることを悔やんでいました。お客が料理を残すことはよくあることで、その場合にはスタッフが残ったものを捨てなければなりませんでした。ミキたちが廃棄する食べ物の量は少なくないことから、ミキはそのことについて何かをしなければならないという気がしていました。
　ある日、ミキは食品廃棄物の問題を解決する方法を思い付き、自分のアイディアについて夫に話しました。ミキはレストランに掲示板を作ってどれほどの量の食べ物が無駄になっているのかをお客に示したらどうかと提案しました。ミキはこれが良い案だと思いましたが、夫は反対しました。ミキの夫は、お客は食事を楽しみに来ているのだから食品廃棄物について読んで知りたくもないだろうと考えたのです。ミキの夫はそれによってお客を失うのではないかとも心配していました。ミキは夫の意見にも一理あると考え、掲示板の案はあきらめました。
　しかしながら、ミキはそれでもなお別の解決策を見つけ出そうとしていました。ある日、ミキはあるテレビ番組を観ていました。そのテレビ番組では、外国の人々にとって外食の際に食べ残しを持ち帰るのはごくふつうのことであると説明していたのです。ミキはこのアイ

ディアを夫に提案しました。ミキの夫は、もし持ち帰ったものが原因でお客が病気になったら、お客はレストランにクレームをつけるのではないかと心配なのだと言いました。ミキはこう説明しました。お客が食べ残しを持ち帰ることを許可し始めているレストランがますます増えているけれども、そういったレストランでは何の問題も起きていないと。お客が自宅に食べ残しを持ち帰ることを選んだ場合は自己責任であると私たちはお客に伝えることができると、ミキは言いました。さらに、食品廃棄物の量を減らすことができるのだから、こうすることによってレストランのお金を節約することになるとも、ミキは指摘しました。ついに、ミキの夫はミキの案を受け入れました。ミキの夫はお客とレストランと環境に対するミキの配慮を理解したのです。

令和３年度 第１回
高卒認定試験

英　語

解答時間　50分

英　語

（解答番号　1　〜　27　）

令和３年度第１回試験

1　次の１から３までの対話において，下線を引いた語の中で最も強く発音されるものを，それぞれ①〜④のうちから一つずつ選びなさい。解答番号は　1　〜　3　。

1　A：Do you like watching movies?

　　B：Yes, I do.

　　A：What kind of movies do you like?

　　B：I like action movies.
　　　　① ②　　③　　　④

1

2　A：What's the matter?

　　B：I need to contact Mary, but I can't find her number.

　　A：You should try calling her sister instead.
　　　　　　　　　　①　　②　　　③　　④

　　B：OK, I have her number.　Thank you.

2

3　A：Wow!　She plays the guitar so well.

　　B：Yes, she is really talented.　Do you play any musical instruments?

　　A：No, but I sing in the school chorus.
　　　　　　①②　③ ④

　　B：That's great!

3

2 次の1から5までの対話文の □ 内に入れるのに最も適当なものを，それぞれ①～④のうちから一つずつ選びなさい。解答番号は 4 ～ 8 。

令和3年度第1回試験

1 （At a station）

A：Oh no, we just missed the train.

B：Don't worry. 4

A：How do you know that?

B：You can see the train schedule over there.

① I have your ticket in my bag.　② It will rain in the afternoon.
③ The next one is in five minutes.　④ We will earn a lot of money.

2 （At a restaurant）

A：Excuse me, can I have a coffee?

B：Sure. Anything else?

A： 5

B：OK, I'll bring it right now.

① Can I get the dessert menu?　② Will you do me a favor?
③ Do you have the time?　④ Is there a restroom near here?

3 （At home）

A：Have you finished your homework?

B：I'll do it after dinner, Mom.

A：No. 6

B：All right. I'll do it now.

① Don't forget to buy salt.　② Tell me what you want to eat.
③ You must wash your hands.　④ You should finish it before dinner.

122

4　(At an office)

A：What's wrong, Takeshi?

B：The printer is not working.

A：That's strange.　| 7 |

B：Well, it's still broken.

① It's not a new one.

② You can ask me anything.

③ We just fixed it yesterday.

④ I don't have a printer.

5　(On the phone)

A：Hello, this is Miku Tanaka. Could I talk to Mr. Tamura?

B：Sorry, but　| 8 |

A：I see. Would you tell him to call me back?

B：Sure. Could I have your number?

① can you tell me your name?

② he is out of town until next week.

③ you have the wrong number.

④ would you like to leave a message?

3 次の1から3の各英文がまとまりのある文章になるようにそれぞれ①~⑤の語(句)を並べかえたとき、2番目と4番目に入るものを選びなさい。解答番号は 9 ~ 14 。

1 It is said that the smile is a universal language that connects people of different cultures. When you see someone smiling, _____ 9 _____ 10 _____ back.

① are   ② you   ③ likely

④ smile   ⑤ to

2 Although Ken has never been abroad, he has always wanted to travel to a foreign country. He finally decided to visit Australia during summer vacation. Now, he _____ 11 _____ 12 _____ and koalas.

① excited   ② kangaroos   ③ seeing

④ is   ⑤ about

3 The number of bees has been decreasing, so a company started to put nests on the rooftops of buildings. The project seemed difficult in the beginning. With a lot of effort, however, they _____ 13 _____ 14 _____ successful.

① the project   ② to   ③ make

④ able   ⑤ were

4　次の1から3の各メッセージの送り手が意図したものとして最も適当なものを，それぞれ
①～④のうちから一つずつ選びなさい。解答番号は　15　～　17　。

1　I bought a pair of shoes on your online shop last week. However, I believe there has been a mistake with my order. I ordered the red shoes, but I received blue ones. I would like to exchange these blue shoes for red ones. I hope to hear from you soon.

① ウェブサイトの不具合を伝える。　② オンラインでの販売を提案する。
③ 購入する商品の色を相談する。　④ 購入した商品の交換を依頼する。

15

2　Next month, our school will host twenty Australian students from our sister school for two weeks. They will join some of our lessons and school events. All of them have been studying Japanese. When you see them around, feel free to talk to them in Japanese or in English.

① 短期留学生の受け入れを知らせる。　② 授業への積極的な参加を呼びかける。
③ 姉妹校の場所を説明する。　④ ホストファミリーを募集する。

16

3　The 15th Green City Marathon will be held on Sunday, October 20th. To ensure the safety of all runners, roads in the downtown area will be closed from 9 a.m. to 3 p.m. No cars, trucks, or motorbikes will be allowed to enter during this time. Please visit the city's website for more information.

① 大会の延期を伝える。　② イベントの参加者を紹介する。
③ 道路の通行止めを知らせる。　④ 大会の参加方法を案内する。

17

5 次の１から３の各英文の ☐ 内に入れるのに最も適当なものを，それぞれ①～④のうちから一つずつ選びなさい。解答番号は 18 ～ 20 。

1 Each country has particular clothes for special occasions. The *hanbok* is a type of 18 clothing in Korea similar to the kimono in Japan. Korean people wear it for festivals, ceremonies, and celebrations. In the past, the colors and designs of a *hanbok* showed a person's age and social status.

① traditional   ② international   ③ modern   ④ casual

2 Congratulations! You've won tickets to the Baseball Fan Meeting Event in our annual ABC Fan Club Contest! To claim your tickets, please 19 to this email within 72 hours with your first and last name, address, and phone number. We will send you the tickets within three business days.

① call   ② talk   ③ reply   ④ belong

3 Some people like to use electronic books, or e-books, because they don't have to carry heavy paper books. Also, they can get e-books at a cheaper price because they don't have to pay for the printing and shipping costs. These are some of the 20 which make e-books so popular.

① hopes   ② reasons   ③ requests   ④ worries

6　次の表，グラフ及び英文を読み，1から3の質問の答えとして最も適当なものを，それぞれ
①〜④のうちから一つずつ選びなさい。解答番号は　21　〜　23　。

Restaurant options

Name	Food	Set menu price	Distance from station
Chen's Kitchen	Chinese	¥1,500	600 m
Toscana	Italian	¥3,000	150 m
Hanami	Japanese	¥3,500	1,500 m
Le Papillon	French	¥4,000	70 m

Popularity of each restaurant

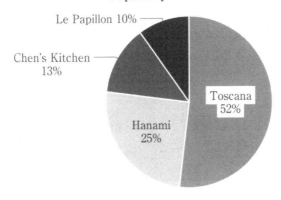

Le Papillon 10%
Chen's Kitchen 13%
Toscana 52%
Hanami 25%

Satoru is a student at Mitsuba High School. He and his classmates will graduate from high school next month. He is planning to organize a graduation party with his classmates before they go off to different colleges or start working. He collected basic information about restaurants in the area, such as the types of food, prices, and the distance between the restaurant and the closest station to their school. Then, he made a survey. He asked each of his classmates to choose one restaurant and write down why they chose that restaurant.

The survey results were different from what he had expected. Satoru thought that Le Papillon would be the most popular choice since it is located very close to the station and his classmates can celebrate their graduation by eating at a fancy restaurant. However, more than half of them chose Toscana because they thought the price is not too expensive and it is not too far from the station. Chen's Kitchen is reasonably priced, but some students thought the restaurant was too casual. Hanami was the second most popular choice. Some students wrote that they really like the food there. Others wrote that they thought Japanese food would be suitable for graduation.

Once Satoru finished analyzing the results of his survey, he shared them with his classmates and told everyone that their graduation party would take place at Toscana. The students in his class were happy with the decision and told Satoru that they were looking forward to the graduation party. A group of students volunteered to help Satoru plan the party. They have only three weeks left until they graduate from high school. Satoru and his classmates hope that they can make as many good memories as possible during the rest of their time together.

1　According to the table and the pie chart, which of the following is true?

① Chen's Kitchen is an Italian restaurant.

② Hanami is the most popular restaurant.

③ Le Papillon is the closest restaurant to the station.

④ Toscana is the cheapest of the four restaurants.

| 21 |

2　According to the passage, which of the following is true?

① Satoru planned a birthday party for his classmates.

② Satoru thought Hanami would be the most popular choice.

③ Most of Satoru's classmates thought Chen's Kitchen was too formal.

④ Most students chose Toscana because of the location and the price.

| 22 |

3　According to the passage, which of the following is true?

① Satoru decided to have the party at Hanami.

② Some students offered to help Satoru plan the party.

③ There are two more weeks before Satoru and his classmates graduate.

④ Satoru asked his classmates to analyze the results of his survey.

| 23 |

7　次の英文を読み，1から4の　　　　内に入れるのに最も適当なものを，それぞれ①～④のうちから一つずつ選びなさい。解答番号は　24　～　27　。

> Kumi is a sixteen-year-old high school student in Kyoto. Last year, she studied abroad in the US. This is her speech for English class about what she learned in the US.

Hi, everyone. Today, I'd like to talk about my American host mother, Jutta. I want to introduce her to you because I like her way of life very much. She is very good at finding small moments of happiness in her everyday life.

Jutta is 65 years old and lives alone in a small town in California. She started hosting exchange students a few years ago after she retired and she has welcomed many young foreign students. Last year, I stayed with her for one year.

Every day, she got up early and prepared a delicious breakfast for me. She loves gardening, so we usually had fresh fruits and vegetables from her garden. She always looked so happy when we ate together. Jutta often said, "I love breakfast. It's my favorite meal." On the weekends after breakfast, we often took a walk together through the town. There was a big park with a beautiful lake near her house. We would walk through the park and she would always tell me about the different plants and animals living there. She often said that the park was her favorite place. When we passed through the town, she would tell me about the history of the stores and buildings and always stopped to talk with the shopkeepers. She always laughed so much when she talked with them. She often said, "I love the people in this town. They're my favorite."

Before I started living with Jutta, I thought I needed to have something special or exciting in my life in order to be happy. But now, thanks to her, I realized that I don't need these things. What I need is to fully enjoy each moment and share my happiness with the people around me.

I learned a lot from living abroad for a year. I am now better at speaking English and have many new friends in the US. Above all, the most important thing was that I learned a new way to enjoy life from my friend, Jutta.

1　Kumi's speech is about her experiences with 　24

  ① 　her American classmates.

  ② 　her English teacher.

  ③ 　her parents.

  ④ 　her host mother.

2　Jutta is 　25

  ① 　a retired woman.

  ② 　a student from the US.

  ③ 　a shopkeeper.

  ④ 　a professional athlete.

3　Kumi and Jutta 　26

  ① 　visited a famous garden.

  ② 　went camping in a park.

  ③ 　owned a shop together.

  ④ 　enjoyed breakfast together.

4　The most important thing that Kumi learned was how to 　27

  ① 　be a good speaker of English.

  ② 　find happiness in her life.

  ③ 　grow vegetables and fruits.

  ④ 　live by herself in a foreign country.

令和3年度第1回試験

令和3年度　第1回

解答・解説

令和3年度 第1回 高卒認定試験

【 解 答 】

1	解答番号	正答	配点	2	解答番号	正答	配点	3	解答番号	正答	配点	4	解答番号	正答	配点
問1	1	③	4	問1	4	③	4	問1	9	①	4	問1	15	④	4
問2	2	④	4	問2	5	①	4		10	⑤		問2	16	①	4
問3	3	③	4	問3	6	④	4	問2	11	①	4	問3	17	③	4
-	-			問4	7	③	4		12	③		-	-		
-	-			問5	8	②	4	問3	13	④	4	-	-		
-	-								14	③		-	-		

5	解答番号	正答	配点	6	解答番号	正答	配点	7	解答番号	正答	配点
問1	18	①	4	問1	21	③	4	問1	24	④	5
問2	19	③	4	問2	22	④	4	問2	25	①	5
問3	20	②	4	問3	23	②	4	問3	26	④	5
-	-			-	-			問4	27	②	5
-	-			-	-			-	-		

【 解 説 】

1

問1　AさんがBさんに「映画を見ることは好きですか？」と尋ねます。Bさんは「はい、好きです」と答えます。それを聞いたAさんは「どのような種類の映画が好きですか？」と尋ねます。それに対してBさんは「アクション映画が好きです」と答えています。

　　下線部の前文でBさんは好きな映画の種類を聞かれているため、Bさんは「アクション（映画）」を強調したいはずですので、正解は③ action となります。

解答番号【1】：③　　⇒ 重要度A

　　kind of 〜：〜の種類

問2　AさんがBさんに「どうしたのですか？」と尋ねます。Bさんは「メアリーと連絡をとる必要があるのですが、メアリーの電話番号が見つからないのです」と答えます。それを聞いたAさんは「代わりにメアリーの妹に電話してみたらどうでしょう」と言います。それに対してBさんは「そうか、メアリーの妹の電話番号はわかります。ありがとうございます」と答えています。

　　メアリーの電話番号が見つからないというBさんに対して、Aさんは下線部を含む文でメアリーの妹のほうに電話をしたらどうかと助言しています。Aさんは「（メアリーの）妹」を強調したいはずですので、正解は④ sister となります。

解答番号【2】：④　⇒ 重要度A

　　What's the matter (with you)？：どうしたの？

問3　Aさんが「わあ！ 彼女はギターをとても上手に弾きますね」と言います。BさんはAさんに「ええ、彼女は実に才能があります。あなたは何か楽器を弾きますか？」と尋ねます。Aさんは「いいえ、でも学校の合唱団で歌を歌っています」と答えます。それに対してBさんは「それは素晴らしいですね！」と言っています。

　　下線部の前文で何か楽器を弾くと尋ねられたAさんは、楽器は弾かないが「歌を歌う」ことを強調したいはずですので、正解は③ sing となります。

解答番号【3】：③　⇒ 重要度A

　　musical instrument：楽器

2

問1　駅での対話です。AさんがBさんに「ああ、あとすこしというところで電車を逃してしまいました」と言います。Bさんは「心配しないで大丈夫です。【問題箇所】」と答えます。それを聞いたAさんは「どうしてそれがわかるのですか？」と尋ねます。それに対してBさんは「あそこで電車の時刻表を見ることができますよ」と答えています。

　　Bさんは会話の最後で、向こうに電車の時刻表があると言っていて、これがヒントになります。【問題箇所】の後で、AさんはBさんに「どうしてそれがわかるのですか？」と聞いています。ここで何がわかるのかを考えると、③ The next one is in five minutes.（次の電車は5分後に来ます）が正解だとわかります。

解答番号【4】：③　⇒ 重要度A

　　in 時間：（時間）後　e.g. in two hours（2時間後）

問2　レストランでの対話です。AさんがBさんに「すみません。コーヒーをもらえますか？」と言います。Bさんは「かしこまりました。ほかに何かご注文はございますか？」と尋ねます。それを聞いたAさんは「【問題箇所】」と言います。それに対してBさんは「はい、すぐにお持ちします」と答えています。

　　ここでBさんが何を持ってくるのかを考えると、① Can I get the dessert menu?（デザートのメニューをもらえますか？）が正解だとわかります。

解答番号【5】：①　⇒ 重要度A

　　right now：すぐに、直ちに

問3　家での対話です。AさんがBさんに「宿題はもう終わりましたか？」と尋ねます。Bさんは「夕食の後に宿題をするよ、お母さん」と答えます。それを聞いたAさんは「いいえ、【問題箇所】」と言います。それに対してBさんは「わかった。今、宿題をするよ」と答えています。

　　はじめは夕食の後に宿題をすると答えたBさんですが、Aさんに「いいえ、【問題箇所】」と言われた後には、今から宿題をすると考えが変わっています。これらのやり取りから、④ You should finish it before dinner.（あなたは夕食の前に宿題を終わらせるべきです）が正解だとわかります。

解答番号【6】：④　⇒ 重要度A

問4　オフィスでの対話です。AさんがBさんに「タケシさん、どうしたのですか？」と尋ねます。Bさんは「プリンターの調子が悪いのです」と答えます。それを聞いたAさんは「それはおかしいですね。【問題箇所】」と言います。それに対してBさんは「ええと、まだ直っていないのですね」と答えています。

　　　プリンターの調子が悪いと聞いたAさんはおかしいと感じています。その理由を考えてみると、③ We just fixed it yesterday.（私たちはちょうど昨日プリンターを直したところです）が正解だとわかります。

　　解答番号【7】：③　　⇒ 重要度B

　　　　fix：直す、修理する

問5　電話での対話です。AさんがBさんに「もしもし、タナカミクと申します。タムラさんとお話できますでしょうか？」と言います。Bさんは「すみませんが、【問題箇所】」と答えます。それを聞いたAさんは「わかりました。私に折り返し電話をもらえるようタムラさんに伝えていただけますか？」と言います。それに対してBさんは「承知しました。お電話番号をおうかがいしてもよろしいでしょうか？」と答えています。

　　　タムラさんと話をするために電話をかけてきたAさんに対して、Bさんは「すみませんが」と言っています。ここからタムラさんが不在だと推測できます。したがって、② he is out of town until next week.（彼は来週まで町を出ています）が正解となります。

　　解答番号【8】：②　　⇒ 重要度A

　　　　tell 人 to 動詞の原形：人に〜するように言う

3

問1　設問の英文は「笑顔は異文化の人々をつなげてくれる万人に共通の言語だと言われています。誰かが微笑んでいるのを目にしたら、【問題箇所】」となっています。ヒントは③ likelyです。この likely を見たら、be likely to 動詞の原形（〜しそうである、たぶん〜するであろう）というかたちを疑ってみてください。そのうえで選択肢を見てみると、① are と⑤ to があります。さらに選択肢の中から動詞の原形を探すと、④ smile が見つかります。これらを組み合わせると、完成文は you are likely to smile back.（あなたはたぶん微笑み返すことでしょう）になります。

　　解答番号【9】：①　解答番号【10】：⑤　　⇒ 重要度A

問2　設問の英文は「ケンは海外に一度も行ったことがないのですが、彼はいつも外国に旅行したがっていました。ケンはついに夏休みの間オーストラリアを訪れることに決めました。今、ケンは【問題箇所】」となっています。ここでのポイントは① excited です。この excited を見たら、be excited about 〜（〜に興奮している、わくわくしている）というかたちを疑ってみてください。そのうえで選択肢を見てみると、④ is と⑤ about があります。これらを組み合わせると、完成文は Now, he is excited about seeing Kangaroos and Koalas.（今、ケンはカンガルーとコアラを見られることにわくわくしています）になります。

　　解答番号【11】：①　解答番号【12】：③　　⇒ 重要度A

　　　　foreign：外国の

問3　設問の英文は「蜂の数が減ってきているため、ある企業がビルの屋根の上に蜂の巣を置き

始めました。そのプロジェクトははじめは難しいように思えました。しかしながら、多大な努力によって、【問題箇所】」となっています。ここでのポイントは④ able です。この able を見たら、be able to 動詞の原形（〜することができる）というかたちを疑ってみてください。そのうえで選択肢を見てみると、⑤ were と② to があります。さらに選択肢の中から動詞の原形を探すと、③ make が見つかります。これらを組み合わせると、完成文は With a lot of effort, however, they were able to make the project successful.（しかしながら、多大な努力によって、彼らはそのプロジェクトを成功させることができました）になります。

解答番号【13】：④　解答番号【14】：③　⇒ 重要度A

　　make O（目的語）C（補語）：O を C の状態にする

4

問1　ヒントは3文目のI ordered the red shoes, but I received blue ones.（私は赤い靴を注文したのですが、青い靴を受け取りました）にあります。続いて4文目にI would like to exchange these blue shoes for red ones.（この青い靴を赤い靴に交換したいのですが）とありますので、④「購入した商品の交換を依頼する」が正解だとわかります。

解答番号【15】：④　⇒ 重要度A

　　would like to 動詞の原形：〜したいのですが

問2　この英文の1文目に Next month, our school will host twenty Australian students from our sister school for two weeks.（来月、私たちの学校は姉妹校からの20名のオーストラリアの生徒たちを2週間受け入れます）とありますので、①「短期留学生の受け入れを知らせる」が正解だとわかります。

解答番号【16】：①　⇒ 重要度A

問3　ヒントは1文目と2文目の The 15th Green City Marathon will be held on Sunday, October 20th. To ensure the safety of all runners, roads in the downtown area will be closed from 9 a.m. to 3 p.m.（第15回緑市マラソンは10月20日の日曜日に開催されます。すべてのランナーの安全を確保するために、市街地の道路は午前9時から午後3時まで通行止めとなります）にあります。ここから③「道路の通行止めを知らせる」が正解だとわかります。

解答番号【17】：③　⇒ 重要度A

5

問1　設問の英文は「どの国にもそれぞれ特別な行事に応じた特有の衣服があります。『ハンボク』というのは日本の着物に似た韓国の【問題箇所】服の一種です。韓国の人たちは、お祭りや式典やお祝いの席でハンボクを着ます。過去にはハンボクの色やデザインが年齢や社会的地位を示していました」とあります。この問題では、【問題箇所】の後に similar to the kimono in Japan（日本の着物に似た）とありますので、① traditional（伝統的な）が正解だとわかります。それ以外の選択肢は消去法で消すことができるかと思います。

解答番号【18】：①　⇒ 重要度B

　　modern：現代的な

問2　設問の英文は「おめでとうございます！　あなたは年に一度のABCファンクラブコンテストの野球ファンミーティングイベントのチケットが当選しました！　チケットを受け取るには、あなたのお名前、ご住所、お電話番号をご記入のうえ、72時間以内にこのメールに【問題箇所】してください。私たちは3営業日以内にあなたにチケットをお送りします」とあります。したがって、正解は③reply（返信する）となります。それ以外の選択肢は消去法で消すことができるかと思います。

解答番号【19】：③　　⇒ **重要度A**

問3　設問の英文は「重たい紙の本を持ち運ぶ必要がないので、電子書籍（e-book）を好んで使う人がいます。また、印刷コストや送料を支払う必要がないので、より安い価格で電子書籍を入手することができます。これらのことが、電子書籍をとてもポピュラーなものとした、いくつかの【問題箇所】です」とあります。したがって、②reason（理由）が正解となります。それ以外は消去法で消すことができるかと思います。

解答番号【20】：②　　⇒ **重要度B**

　　don't have to 動詞の原形：～する必要がない

6

問1　設問文：この表と円グラフによると、次の選択肢のうちのどれが正しいですか？　【21】
　　①「Chen's Kitchenはイタリアンレストランです」とありますが、表のFood（料理）の列を見るとChen's KitchenはChineseとあるため、①は不正解となります。②「Hanamiは最も人気のレストランです」とありますが、円グラフを見るとToscanaが最も人気であることがわかりますので、②は不正解となります。③「Le Papillonは駅に一番近いレストランです」とあります。表のDistance from station（駅からの距離）の列を見るとLe Papillonが一番近いことがわかりますので、③は正解となります。④「Toscanaは4つのレストランのうちで一番安いです」とありますが、こちらも表のSet menu price（セットメニューの価格）の列からChen's Kitchenが一番リーズナブルだとわかりますので、④は不正解となります。

解答番号【21】：③　　⇒ **重要度A**

問2　設問文：この英文によると、次の選択肢のうちのどれが正しいですか？　【22】
　　①「サトルはクラスメイトたちのために誕生日会を計画しました」とありますが、1段落3文目にHe is planning to organize a graduation party with his classmates（彼はクラスメイトたちとの卒業パーティーを開催することを計画しているところです）とあるので、①は不正解となります。②「サトルはHanamiが一番人気の選択肢であろうと考えていました」とありますが、こちらは2段落2文目にSatoru thought that Le Papillon would be the most popular choice（サトルはLe Papillonが一番人気の選択肢であろうと考えていました）とありますので、②は不正解となります。③「サトルのクラスメイトたちのうちの大半がChen's Kitchenはフォーマル過ぎると思いました」とありますが、2段落4文目にChen's Kitchen is reasonably priced, but some students thought the restaurant was too casual.（Chen's Kitchenは手頃な値段ではありますが、Chen's Kitchenはカジュアル過ぎると考える生徒たちもいました）とありますので、③は不正解となります。④「その場所と値段から、大半の生徒はToscanaを選びました」とあります。2段落3文目にHowever, more

than half of them chose Toscana because they thought the price is not too expensive and it is not too far from the station.（しかしながら、彼らのうちの半数以上の人が、値段が高過ぎることもなく駅から離れ過ぎてもいないので、Toscana を選びました）とありますので、④が正解となります。

解答番号【22】：④　⇒ ■重要度B■

問3　設問文：この英文によると、次の選択肢のうちのどれが正しいですか？【23】
　①「サトルは Hanami でパーティーを開くことを決めました」とありますが、3段落1文目に Once Satoru finished analyzing the results of his survey, he shared them with his classmates and told everyone that their graduation party would take place at Toscana.（サトルは調査結果の分析を終えるとすぐに、クラスメイトたちにその結果を共有して、卒業パーティーは Toscana で開催することを皆に伝えました）とありますので、①は不正解となります。②「サトルがパーティーの計画を立てる手伝いをしようかと申し出る生徒たちもいました」とあります。こちらは3段落3文目にある A group of students volunteered to help Satoru plan the party.（生徒たちのあるグループは自ら進んでサトルがパーティーの計画を立てる手伝いをしました）と合致しますので、②は正解となります。③「サトルとクラスメイトたちが卒業するまであと2週間あります」とありますが、3段落4文目に They have only three weeks left until they graduate from high school.（彼らには高校を卒業するまであと3週間しか残されていません）とありますので、③は不正解となります。④「サトルはクラスメイトたちに調査結果を分析してくれるよう頼みました」とありますが、本文にそのような記述はありませんので、④は不正解となります。

解答番号【23】：②　⇒ ■重要度B■

【全文訳】
　サトルはミツバ高校の生徒です。サトルとクラスメイトたちは来月高校を卒業します。それぞれの大学に進学したり、あるいは就職したりする前に、サトルはクラスメイトたちとの卒業パーティーを開催することを計画しているところです。サトルはその地域のレストランについての基本的な情報を収集しました。たとえば、料理の種類や値段、レストランと学校の最寄り駅との距離といったことです。次にサトルは調査を実施しました。クラスメイト一人ひとりに、レストランをひとつ選んでもらい、なぜそのレストランを選んだのかも書いてもらえるようお願いしました。
　調査結果はサトルが期待していたものとは異なっていました。サトルは、駅にとても近い場所にあって、クラスメイトたちは高級なレストランで食事をして自分たちの卒業を祝えることから、Le Papillon が最も人気のある選択肢であろうと考えていました。しかしながら、彼らのうちの半数以上の人が、値段も高過ぎることもなく駅からも離れ過ぎてもいないことを理由に、Toscana を選んだのです。Chen's Kitchen は手頃な値段ではありますが、カジュアル過ぎると考える生徒たちもいました。Hanami は二番目に人気のレストランでした。Hanami の料理が大好きだと書く生徒たちもいれば、卒業に際しては日本料理がふさわしいと思うと書く生徒たちもいました。
　サトルは調査結果の分析を終えるとすぐに、クラスメイトたちに結果をシェアして、卒業パーティーは Toscana で開催することを皆に伝えました。サトルのクラスの生徒たちは、その決定に喜び、卒業パーティーを楽しみにしているとサトルに言いました。生徒たちのあるグループは自ら進んでサトルがパーティーの計画を立てる手伝いをしました。サトルたち

には高校を卒業するまであと3週間しか残されていません。サトルとクラスメイトたちは、いっしょにいられる残りの時間の中で、できるだけ多くの良い思い出を作れることを願っています。

7

問1　設問文：クミのスピーチは【24】との経験についてです。

　　①「クミのアメリカのクラスメイトたち」とありますが、本文にそのような記述はありませんので、①は不正解となります。②「クミの英語の先生」とありますが、こちらも本文にそのような記述はありませんので、②は不正解となります。③「クミの両親」とありますが、こちらも本文にそのような記述はありませんので、③は不正解となります。④「クミのホストマザー」とありますが、こちらは1段落2文目に I'd like to talk about my American host mother, Jutta.（私のアメリカのホストマザーであるジュッタについてお話したいと思います）とありますので、④が正解となります。

　　解答番号【24】：④　　⇒ 重要度A

問2　設問文：ジュッタは【25】です。

　　①「退職した女性」とありますが、こちらは2段落2文目に She started hosting exchange students a few years ago after she retired and she has welcomed many young foreign students.（ジュッタは退職した後、数年前から交換留学生の受け入れを始め、外国の若い生徒たちをたくさん温かく迎え入れています）とありますので、①が正解となります。②「アメリカ出身の生徒」とありますが、こちらは本文にそのような記述はありませんので、②は不正解となります。③「店主」とありますが、こちらも本文にそのような記述ありませんので、③は不正解となります。④「プロのアスリート」とありますが、本文にそのような記述はありませんので、④は不正解となります。

　　解答番号【25】：①　　⇒ 重要度A

問3　設問文：クミとジュッタは【26】。

　　①「有名な庭園を訪れました」とありますが、本文に park（公園）に行く箇所はありますが、garden（庭園）ではないので、①は不正解となります。②「公園にキャンプに行きました」とありますが、本文にそのような記述はありませんので、②は不正解となります。③「いっしょにお店を持ちました」とありますが、こちらも本文にそのような記述はありませんので、③は不正解となります。④「いっしょに朝食を楽しみました」とありますが、こちらは3段落1文目から3文目にかけて Every day, she got up early and prepared a delicious breakfast for me. She loves gardening, so we usually had fresh fruits and vegetables from her garden. She always looked so happy when we ate together.（毎日、ジュッタは早く起き、私のために美味しい朝食を準備してくれました。ジュッタはガーデニングが好きなので、私たちはたいていジュッタの庭で採れた新鮮なフルーツや野菜を食べていました。いっしょに食事をしているとき、ジュッタはいつも幸せそうに見えました）とありますので、④が正解となります。

　　解答番号【26】：④　　⇒ 重要度B

問4　設問文：クミが学んだ最も大切なことは、【27】方法でした。

解答・解説

①「英語を上手に話す人になる」となっていますが、本文にそのような記述はありませんので、①は不正解となります。②「自分の人生において幸せを見つける」とありますが、こちらは 5 段落 3 文目に Above all, the most important thing was that I learned a new way to enjoy life from my friend, Jutta.（とりわけ、最も重要なことは私の友人であるジュッタから人生を楽しむ新たな方法を学んだことです）とありますので、②が正解となります。③「野菜やフルーツを育てる」とありますが、本文にそのような記述はありませんので、③は不正解となります。④「外国で一人暮らしをする」とありますが、こちらは本文全体を通して、ジュッタというホストマザーとの話をしているので、④は不正解となります。

解答番号【27】：②　　⇒ **重要度 A**

【全文訳】

> クミは京都の 16 歳の高校生です。昨年、クミはアメリカに留学をしました。以下の英文はクミがアメリカで学んだことについての英語のクラスでのスピーチです。

こんにちは、皆さん。本日は、私のアメリカのホストマザーであるジュッタについてお話したいと思います。皆さんにジュッタのことを紹介したいと思うのですが、それは私が彼女の生き方をとても気に入っているからです。彼女は日々の生活の中で小さな幸せの一瞬一瞬を見つけるのが非常に得意なのです。

ジュッタは 65 歳で、カリフォルニアの小さな町に一人で住んでいます。彼女は退職した後、数年前から交換留学生の受け入れを始め、外国の若い生徒たちをたくさん温かく迎え入れています。昨年、私は 1 年間彼女のもとに滞在しました。

毎日、ジュッタは早く起きて、私のために美味しい朝食を準備してくれました。彼女はガーデニングが好きなので、私たちはたいてい彼女の庭で採れた新鮮なフルーツや野菜を食べていました。いっしょに食事をしているとき、ジュッタはいつも幸せそうに見えました。ジュッタはよくこう言っていました、「私は朝食が大好きでね。朝食は私のお気に入りの食事の時間なの」と。週末の朝食後には、私たちはいっしょに町のあちこちをよく散歩しました。彼女の家の近くには美しい湖のある大きな公園がありました。その公園の中を歩いては、ジュッタがそこに生息するさまざまな植物や動物についていつも私に教えてくれたものでした。彼女はしばしばこの公園がお気に入りの場所なのだと言っていました。町を通り過ぎるときには、お店やその建物の歴史について私によく話してくれたものでしたし、いつも足を止めて店主たちとおしゃべりをしていました。彼らと話すときにはいつもたくさん笑っていました。ジュッタはよくこう言っていました、「私はこの町の人たちが大好きでね。彼らは私のお気に入りなの」と。

ジュッタといっしょに暮らし始めるまでは、幸せになるためには人生の中で何か特別なことか何かわくわくさせてくれるようなことがなければならないと考えていました。しかし今、彼女のおかげで、そのようなものは必要ではないことに気が付きました。私に必要なのは、一瞬一瞬を十分に楽しんで、私の周りの人たちと私が得た幸福を共有することなのです。

私は 1 年間の海外生活から多くのことを学びました。今、私は英語を話すことが以前よりも上手になり、アメリカに新しい友達がたくさんできました。とりわけ、最も重要なことは私の友人であるジュッタから人生を楽しむ新たな方法を学んだことです。

キリトリ線

第　回　高等学校卒業程度認定試験

英語　解答用紙

氏名

 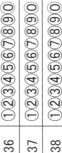
生年月日 ⇒

年号	
明治（M）	⓪①②③④⑤⑥⑦⑧⑨
大正（T）	⓪①②③
昭和（S）	⓪①②③④⑤⑥⑦⑧⑨
平成（H）	⓪①
	⓪①②③④⑤⑥⑦⑧⑨
	⓪①②③④⑤⑥⑦⑧⑨

受験番号 ⇒

| ⓪①②③④⑤⑥⑦⑧⑨ |
| ⓪①②③④⑤⑥⑦⑧⑨ |
| ⓪①②③④⑤⑥⑦⑧⑨ |
| ①②③④⑤⑥⑦⑧⑨ |
| ① |

受験地

北海道 ○	滋賀 ○
青森 ○	京都 ○
岩手 ○	大阪 ○
宮城 ○	兵庫 ○
秋田 ○	奈良 ○
山形 ○	和歌山 ○
福島 ○	鳥取 ○
茨城 ○	島根 ○
栃木 ○	岡山 ○
群馬 ○	広島 ○
埼玉 ○	山口 ○
千葉 ○	徳島 ○
東京 ○	香川 ○
神奈川 ○	愛媛 ○
新潟 ○	高知 ○
富山 ○	福岡 ○
石川 ○	佐賀 ○
福井 ○	長崎 ○
山梨 ○	熊本 ○
長野 ○	大分 ○
岐阜 ○	宮崎 ○
静岡 ○	鹿児島 ○
愛知 ○	沖縄 ○
三重 ○	

解答番号	解答欄 1 2 3 4 5 6 7 8 9 0
1	①②③④⑤⑥⑦⑧⑨⓪
2	①②③④⑤⑥⑦⑧⑨⓪
3	①②③④⑤⑥⑦⑧⑨⓪
4	①②③④⑤⑥⑦⑧⑨⓪
5	①②③④⑤⑥⑦⑧⑨⓪
6	①②③④⑤⑥⑦⑧⑨⓪
7	①②③④⑤⑥⑦⑧⑨⓪
8	①②③④⑤⑥⑦⑧⑨⓪
9	①②③④⑤⑥⑦⑧⑨⓪
10	①②③④⑤⑥⑦⑧⑨⓪
11	①②③④⑤⑥⑦⑧⑨⓪
12	①②③④⑤⑥⑦⑧⑨⓪
13	①②③④⑤⑥⑦⑧⑨⓪
14	①②③④⑤⑥⑦⑧⑨⓪
15	①②③④⑤⑥⑦⑧⑨⓪

解答番号	解答欄 1 2 3 4 5 6 7 8 9 0
16	①②③④⑤⑥⑦⑧⑨⓪
17	①②③④⑤⑥⑦⑧⑨⓪
18	①②③④⑤⑥⑦⑧⑨⓪
19	①②③④⑤⑥⑦⑧⑨⓪
20	①②③④⑤⑥⑦⑧⑨⓪
21	①②③④⑤⑥⑦⑧⑨⓪
22	①②③④⑤⑥⑦⑧⑨⓪
23	①②③④⑤⑥⑦⑧⑨⓪
24	①②③④⑤⑥⑦⑧⑨⓪
25	①②③④⑤⑥⑦⑧⑨⓪
26	①②③④⑤⑥⑦⑧⑨⓪
27	①②③④⑤⑥⑦⑧⑨⓪
28	①②③④⑤⑥⑦⑧⑨⓪
29	①②③④⑤⑥⑦⑧⑨⓪
30	①②③④⑤⑥⑦⑧⑨⓪

解答番号	解答欄 1 2 3 4 5 6 7 8 9 0
31	①②③④⑤⑥⑦⑧⑨⓪
32	①②③④⑤⑥⑦⑧⑨⓪
33	①②③④⑤⑥⑦⑧⑨⓪
34	①②③④⑤⑥⑦⑧⑨⓪
35	①②③④⑤⑥⑦⑧⑨⓪
36	①②③④⑤⑥⑦⑧⑨⓪
37	①②③④⑤⑥⑦⑧⑨⓪
38	①②③④⑤⑥⑦⑧⑨⓪
39	①②③④⑤⑥⑦⑧⑨⓪
40	①②③④⑤⑥⑦⑧⑨⓪
41	①②③④⑤⑥⑦⑧⑨⓪
42	①②③④⑤⑥⑦⑧⑨⓪
43	①②③④⑤⑥⑦⑧⑨⓪
44	①②③④⑤⑥⑦⑧⑨⓪
45	①②③④⑤⑥⑦⑧⑨⓪

第　回　高等学校卒業程度認定試験

英語　解答用紙

氏　名

受験番号　⇒

生年月日　⇒

受験地			
北海道 ○	滋賀 ○		
青森 ○	京都 ○		
岩手 ○	大阪 ○		
宮城 ○	兵庫 ○		
秋田 ○	奈良 ○		
山形 ○	和歌山 ○		
福島 ○	鳥取 ○		
茨城 ○	島根 ○		
栃木 ○	岡山 ○		
群馬 ○	広島 ○		
埼玉 ○	山口 ○		
千葉 ○	徳島 ○		
東京 ○	香川 ○		
神奈川 ○	愛媛 ○		
新潟 ○	高知 ○		
富山 ○	福岡 ○		
石川 ○	佐賀 ○		
福井 ○	長崎 ○		
山梨 ○	熊本 ○		
長野 ○	大分 ○		
岐阜 ○	宮崎 ○		
静岡 ○	鹿児島 ○		
愛知 ○	沖縄 ○		
三重 ○			

解答番号	解答欄 1 2 3 4 5 6 7 8 9 0
1	① ② ③ ④ ⑤ ⑥ ⑦ ⑧ ⑨ ⑩
2	① ② ③ ④ ⑤ ⑥ ⑦ ⑧ ⑨ ⑩
3	① ② ③ ④ ⑤ ⑥ ⑦ ⑧ ⑨ ⑩
4	① ② ③ ④ ⑤ ⑥ ⑦ ⑧ ⑨ ⑩
5	① ② ③ ④ ⑤ ⑥ ⑦ ⑧ ⑨ ⑩
6	① ② ③ ④ ⑤ ⑥ ⑦ ⑧ ⑨ ⑩
7	① ② ③ ④ ⑤ ⑥ ⑦ ⑧ ⑨ ⑩
8	① ② ③ ④ ⑤ ⑥ ⑦ ⑧ ⑨ ⑩
9	① ② ③ ④ ⑤ ⑥ ⑦ ⑧ ⑨ ⑩
10	① ② ③ ④ ⑤ ⑥ ⑦ ⑧ ⑨ ⑩
11	① ② ③ ④ ⑤ ⑥ ⑦ ⑧ ⑨ ⑩
12	① ② ③ ④ ⑤ ⑥ ⑦ ⑧ ⑨ ⑩
13	① ② ③ ④ ⑤ ⑥ ⑦ ⑧ ⑨ ⑩
14	① ② ③ ④ ⑤ ⑥ ⑦ ⑧ ⑨ ⑩
15	① ② ③ ④ ⑤ ⑥ ⑦ ⑧ ⑨ ⑩

解答番号	解答欄 1 2 3 4 5 6 7 8 9 0
16	① ② ③ ④ ⑤ ⑥ ⑦ ⑧ ⑨ ⑩
17	① ② ③ ④ ⑤ ⑥ ⑦ ⑧ ⑨ ⑩
18	① ② ③ ④ ⑤ ⑥ ⑦ ⑧ ⑨ ⑩
19	① ② ③ ④ ⑤ ⑥ ⑦ ⑧ ⑨ ⑩
20	① ② ③ ④ ⑤ ⑥ ⑦ ⑧ ⑨ ⑩
21	① ② ③ ④ ⑤ ⑥ ⑦ ⑧ ⑨ ⑩
22	① ② ③ ④ ⑤ ⑥ ⑦ ⑧ ⑨ ⑩
23	① ② ③ ④ ⑤ ⑥ ⑦ ⑧ ⑨ ⑩
24	① ② ③ ④ ⑤ ⑥ ⑦ ⑧ ⑨ ⑩
25	① ② ③ ④ ⑤ ⑥ ⑦ ⑧ ⑨ ⑩
26	① ② ③ ④ ⑤ ⑥ ⑦ ⑧ ⑨ ⑩
27	① ② ③ ④ ⑤ ⑥ ⑦ ⑧ ⑨ ⑩
28	① ② ③ ④ ⑤ ⑥ ⑦ ⑧ ⑨ ⑩
29	① ② ③ ④ ⑤ ⑥ ⑦ ⑧ ⑨ ⑩
30	① ② ③ ④ ⑤ ⑥ ⑦ ⑧ ⑨ ⑩

解答番号	解答欄 1 2 3 4 5 6 7 8 9 0
31	① ② ③ ④ ⑤ ⑥ ⑦ ⑧ ⑨ ⑩
32	① ② ③ ④ ⑤ ⑥ ⑦ ⑧ ⑨ ⑩
33	① ② ③ ④ ⑤ ⑥ ⑦ ⑧ ⑨ ⑩
34	① ② ③ ④ ⑤ ⑥ ⑦ ⑧ ⑨ ⑩
35	① ② ③ ④ ⑤ ⑥ ⑦ ⑧ ⑨ ⑩
36	① ② ③ ④ ⑤ ⑥ ⑦ ⑧ ⑨ ⑩
37	① ② ③ ④ ⑤ ⑥ ⑦ ⑧ ⑨ ⑩
38	① ② ③ ④ ⑤ ⑥ ⑦ ⑧ ⑨ ⑩
39	① ② ③ ④ ⑤ ⑥ ⑦ ⑧ ⑨ ⑩
40	① ② ③ ④ ⑤ ⑥ ⑦ ⑧ ⑨ ⑩
41	① ② ③ ④ ⑤ ⑥ ⑦ ⑧ ⑨ ⑩
42	① ② ③ ④ ⑤ ⑥ ⑦ ⑧ ⑨ ⑩
43	① ② ③ ④ ⑤ ⑥ ⑦ ⑧ ⑨ ⑩
44	① ② ③ ④ ⑤ ⑥ ⑦ ⑧ ⑨ ⑩
45	① ② ③ ④ ⑤ ⑥ ⑦ ⑧ ⑨ ⑩

年号　明治Ⓜ　大正Ⓣ　昭和Ⓢ　平成Ⓗ

－－－ キリトリ線 －－－

第　回　高等学校卒業程度認定試験

英語　解答用紙

氏　名

生年月日 ⇒

年号	
明治 (M)	⓪①②③④⑤⑥⑦⑧⑨
大正 (T)	⓪①②③
昭和 (S)	⓪①②③④⑤⑥⑦⑧⑨
平成 (H)	⓪①
	⓪①②③④⑤⑥⑦⑧⑨
	⓪①②③④⑤⑥⑦⑧⑨

受験番号 ⇒

⓪①②③④⑤⑥⑦⑧⑨
⓪①②③④⑤⑥⑦⑧⑨
⓪①②③④⑤⑥⑦⑧⑨
①②③④⑤⑥⑦⑧⑨
①

受験地

北海道 ○	滋賀 ○
青森 ○	京都 ○
岩手 ○	大阪 ○
宮城 ○	兵庫 ○
秋田 ○	奈良 ○
山形 ○	和歌山 ○
福島 ○	鳥取 ○
茨城 ○	島根 ○
栃木 ○	岡山 ○
群馬 ○	広島 ○
埼玉 ○	山口 ○
千葉 ○	徳島 ○
東京 ○	香川 ○
神奈川 ○	愛媛 ○
新潟 ○	高知 ○
富山 ○	福岡 ○
石川 ○	佐賀 ○
福井 ○	長崎 ○
山梨 ○	熊本 ○
長野 ○	大分 ○
岐阜 ○	宮崎 ○
静岡 ○	鹿児島 ○
愛知 ○	沖縄 ○
三重 ○	

解答番号	解　答　欄　1234567890
1	①②③④⑤⑥⑦⑧⑨⓪
2	①②③④⑤⑥⑦⑧⑨⓪
3	①②③④⑤⑥⑦⑧⑨⓪
4	①②③④⑤⑥⑦⑧⑨⓪
5	①②③④⑤⑥⑦⑧⑨⓪
6	①②③④⑤⑥⑦⑧⑨⓪
7	①②③④⑤⑥⑦⑧⑨⓪
8	①②③④⑤⑥⑦⑧⑨⓪
9	①②③④⑤⑥⑦⑧⑨⓪
10	①②③④⑤⑥⑦⑧⑨⓪
11	①②③④⑤⑥⑦⑧⑨⓪
12	①②③④⑤⑥⑦⑧⑨⓪
13	①②③④⑤⑥⑦⑧⑨⓪
14	①②③④⑤⑥⑦⑧⑨⓪
15	①②③④⑤⑥⑦⑧⑨⓪

解答番号	解　答　欄　1234567890
16	①②③④⑤⑥⑦⑧⑨⓪
17	①②③④⑤⑥⑦⑧⑨⓪
18	①②③④⑤⑥⑦⑧⑨⓪
19	①②③④⑤⑥⑦⑧⑨⓪
20	①②③④⑤⑥⑦⑧⑨⓪
21	①②③④⑤⑥⑦⑧⑨⓪
22	①②③④⑤⑥⑦⑧⑨⓪
23	①②③④⑤⑥⑦⑧⑨⓪
24	①②③④⑤⑥⑦⑧⑨⓪
25	①②③④⑤⑥⑦⑧⑨⓪
26	①②③④⑤⑥⑦⑧⑨⓪
27	①②③④⑤⑥⑦⑧⑨⓪
28	①②③④⑤⑥⑦⑧⑨⓪
29	①②③④⑤⑥⑦⑧⑨⓪
30	①②③④⑤⑥⑦⑧⑨⓪

解答番号	解　答　欄　1234567890
31	①②③④⑤⑥⑦⑧⑨⓪
32	①②③④⑤⑥⑦⑧⑨⓪
33	①②③④⑤⑥⑦⑧⑨⓪
34	①②③④⑤⑥⑦⑧⑨⓪
35	①②③④⑤⑥⑦⑧⑨⓪
36	①②③④⑤⑥⑦⑧⑨⓪
37	①②③④⑤⑥⑦⑧⑨⓪
38	①②③④⑤⑥⑦⑧⑨⓪
39	①②③④⑤⑥⑦⑧⑨⓪
40	①②③④⑤⑥⑦⑧⑨⓪
41	①②③④⑤⑥⑦⑧⑨⓪
42	①②③④⑤⑥⑦⑧⑨⓪
43	①②③④⑤⑥⑦⑧⑨⓪
44	①②③④⑤⑥⑦⑧⑨⓪
45	①②③④⑤⑥⑦⑧⑨⓪

－－－－－ キ リ ト リ 線 －－－－－

第　回　高等学校卒業程度認定試験

英語　解答用紙

氏　名

受験地			
北海道 ○	三重 ○	滋賀 ○	和歌山 ○
青森 ○		京都 ○	奈良 ○
岩手 ○		大阪 ○	兵庫 ○
宮城 ○			
秋田 ○			
山形 ○			
福島 ○			
茨城 ○		鳥取 ○	
栃木 ○		島根 ○	
群馬 ○		岡山 ○	
埼玉 ○		広島 ○	
千葉 ○		山口 ○	
東京 ○		徳島 ○	
神奈川 ○		香川 ○	
新潟 ○		愛媛 ○	
富山 ○		高知 ○	
石川 ○		福岡 ○	
福井 ○		佐賀 ○	
山梨 ○		長崎 ○	
長野 ○		熊本 ○	
岐阜 ○		大分 ○	
静岡 ○		宮崎 ○	
愛知 ○		鹿児島 ○	
		沖縄 ○	

（注意事項）
1. 記入はすべてHまたはHBの黒色鉛筆を使用してください。
2. 訂正するときは、プラスチックの消しゴムで丁寧に消し、消しくずを残さないでください。
3. 所定の記入欄以外には何も記入しないでください。
4. 解答用紙を汚したり、折り曲げたりしないでください。
5. マーク例

良い例	●
悪い例	〔いろいろな悪い例〕

受験番号　⇒

①
⓪①②③④⑤⑥⑦⑧⑨
⓪①②③④⑤⑥⑦⑧⑨
⓪①②③④⑤⑥⑦⑧⑨
⓪①②③④⑤⑥⑦⑧⑨

生年月日　⇒

年号：明治 M　大正 T　昭和 S　平成 H

| ⓪①②③④⑤⑥⑦⑧⑨ |
| ⓪①②③④⑤⑥⑦⑧⑨ |
| ⓪①②③④⑤⑥⑦⑧⑨ |
| ⓪①②③④⑤⑥⑦⑧⑨ |

解答番号	解答欄 1 2 3 4 5 6 7 8 9 0
1	①②③④⑤⑥⑦⑧⑨⓪
2	①②③④⑤⑥⑦⑧⑨⓪
3	①②③④⑤⑥⑦⑧⑨⓪
4	①②③④⑤⑥⑦⑧⑨⓪
5	①②③④⑤⑥⑦⑧⑨⓪
6	①②③④⑤⑥⑦⑧⑨⓪
7	①②③④⑤⑥⑦⑧⑨⓪
8	①②③④⑤⑥⑦⑧⑨⓪
9	①②③④⑤⑥⑦⑧⑨⓪
10	①②③④⑤⑥⑦⑧⑨⓪
11	①②③④⑤⑥⑦⑧⑨⓪
12	①②③④⑤⑥⑦⑧⑨⓪
13	①②③④⑤⑥⑦⑧⑨⓪
14	①②③④⑤⑥⑦⑧⑨⓪
15	①②③④⑤⑥⑦⑧⑨⓪

解答番号	解答欄 1 2 3 4 5 6 7 8 9 0
16	①②③④⑤⑥⑦⑧⑨⓪
17	①②③④⑤⑥⑦⑧⑨⓪
18	①②③④⑤⑥⑦⑧⑨⓪
19	①②③④⑤⑥⑦⑧⑨⓪
20	①②③④⑤⑥⑦⑧⑨⓪
21	①②③④⑤⑥⑦⑧⑨⓪
22	①②③④⑤⑥⑦⑧⑨⓪
23	①②③④⑤⑥⑦⑧⑨⓪
24	①②③④⑤⑥⑦⑧⑨⓪
25	①②③④⑤⑥⑦⑧⑨⓪
26	①②③④⑤⑥⑦⑧⑨⓪
27	①②③④⑤⑥⑦⑧⑨⓪
28	①②③④⑤⑥⑦⑧⑨⓪
29	①②③④⑤⑥⑦⑧⑨⓪
30	①②③④⑤⑥⑦⑧⑨⓪

解答番号	解答欄 1 2 3 4 5 6 7 8 9 0
31	①②③④⑤⑥⑦⑧⑨⓪
32	①②③④⑤⑥⑦⑧⑨⓪
33	①②③④⑤⑥⑦⑧⑨⓪
34	①②③④⑤⑥⑦⑧⑨⓪
35	①②③④⑤⑥⑦⑧⑨⓪
36	①②③④⑤⑥⑦⑧⑨⓪
37	①②③④⑤⑥⑦⑧⑨⓪
38	①②③④⑤⑥⑦⑧⑨⓪
39	①②③④⑤⑥⑦⑧⑨⓪
40	①②③④⑤⑥⑦⑧⑨⓪
41	①②③④⑤⑥⑦⑧⑨⓪
42	①②③④⑤⑥⑦⑧⑨⓪
43	①②③④⑤⑥⑦⑧⑨⓪
44	①②③④⑤⑥⑦⑧⑨⓪
45	①②③④⑤⑥⑦⑧⑨⓪

――――――― キリトリ線 ―――――――

第　　回　高等学校卒業程度認定試験

英　語　解答用紙

氏　名

受験地

北海道 ○　青森 ○　岩手 ○　宮城 ○　秋田 ○　山形 ○　福島 ○　茨城 ○　栃木 ○　群馬 ○　埼玉 ○　千葉 ○　東京 ○　神奈川 ○　新潟 ○　富山 ○　石川 ○　福井 ○　山梨 ○　長野 ○　岐阜 ○　静岡 ○　愛知 ○　三重 ○

滋賀 ○　京都 ○　大阪 ○　兵庫 ○　奈良 ○　和歌山 ○　鳥取 ○　島根 ○　岡山 ○　広島 ○　山口 ○　徳島 ○　香川 ○　愛媛 ○　高知 ○　福岡 ○　佐賀 ○　長崎 ○　熊本 ○　大分 ○　宮崎 ○　鹿児島 ○　沖縄 ○

生年月日 ⇒

年号　明治 (M)　大正 (T)　昭和 (S)　平成 (H)

受験番号 ⇒

解答番号 1〜15　解答欄 1 2 3 4 5 6 7 8 9 0

解答番号 16〜30　解答欄 1 2 3 4 5 6 7 8 9 0

解答番号 31〜45　解答欄 1 2 3 4 5 6 7 8 9 0

キリトリ線

第 回 高等学校卒業程度認定試験

英語 解答用紙

氏 名

（注意事項）
1. 記入はすべてHBまたはHBの黒色鉛筆を使用してください。
2. 訂正するときは、プラスチックの消しゴムで丁寧に消し、消しくずを残さないでください。
3. 所定の記入欄以外には何も記入しないでください。
4. 解答用紙を汚したり、折り曲げたりしないでください。
5. マーク例

良い例 ●

悪い例

受験地

北海道 ○	滋 賀 ○	福 井 ○	徳 島 ○
青 森 ○	京 都 ○	山 梨 ○	香 川 ○
岩 手 ○	大 阪 ○	長 野 ○	愛 媛 ○
宮 城 ○	兵 庫 ○	岐 阜 ○	高 知 ○
秋 田 ○	奈 良 ○	静 岡 ○	福 岡 ○
山 形 ○	和歌山 ○	愛 知 ○	佐 賀 ○
福 島 ○	鳥 取 ○	三 重 ○	長 崎 ○
茨 城 ○	島 根 ○		熊 本 ○
栃 木 ○	岡 山 ○		大 分 ○
群 馬 ○	広 島 ○		宮 崎 ○
埼 玉 ○	山 口 ○		鹿児島 ○
千 葉 ○			沖 縄 ○
東 京 ○			
神奈川 ○			
新 潟 ○			
富 山 ○			
石 川 ○			

解答番号	解 答 欄
1	1 2 3 4 5 6 7 8 9 0
2	1 2 3 4 5 6 7 8 9 0
3	1 2 3 4 5 6 7 8 9 0
4	1 2 3 4 5 6 7 8 9 0
5	1 2 3 4 5 6 7 8 9 0
6	1 2 3 4 5 6 7 8 9 0
7	1 2 3 4 5 6 7 8 9 0
8	1 2 3 4 5 6 7 8 9 0
9	1 2 3 4 5 6 7 8 9 0
10	1 2 3 4 5 6 7 8 9 0
11	1 2 3 4 5 6 7 8 9 0
12	1 2 3 4 5 6 7 8 9 0
13	1 2 3 4 5 6 7 8 9 0
14	1 2 3 4 5 6 7 8 9 0
15	1 2 3 4 5 6 7 8 9 0

解答番号	解 答 欄
16	1 2 3 4 5 6 7 8 9 0
17	1 2 3 4 5 6 7 8 9 0
18	1 2 3 4 5 6 7 8 9 0
19	1 2 3 4 5 6 7 8 9 0
20	1 2 3 4 5 6 7 8 9 0
21	1 2 3 4 5 6 7 8 9 0
22	1 2 3 4 5 6 7 8 9 0
23	1 2 3 4 5 6 7 8 9 0
24	1 2 3 4 5 6 7 8 9 0
25	1 2 3 4 5 6 7 8 9 0
26	1 2 3 4 5 6 7 8 9 0
27	1 2 3 4 5 6 7 8 9 0
28	1 2 3 4 5 6 7 8 9 0
29	1 2 3 4 5 6 7 8 9 0
30	1 2 3 4 5 6 7 8 9 0

解答番号	解 答 欄
31	1 2 3 4 5 6 7 8 9 0
32	1 2 3 4 5 6 7 8 9 0
33	1 2 3 4 5 6 7 8 9 0
34	1 2 3 4 5 6 7 8 9 0
35	1 2 3 4 5 6 7 8 9 0
36	1 2 3 4 5 6 7 8 9 0
37	1 2 3 4 5 6 7 8 9 0
38	1 2 3 4 5 6 7 8 9 0
39	1 2 3 4 5 6 7 8 9 0
40	1 2 3 4 5 6 7 8 9 0
41	1 2 3 4 5 6 7 8 9 0
42	1 2 3 4 5 6 7 8 9 0
43	1 2 3 4 5 6 7 8 9 0
44	1 2 3 4 5 6 7 8 9 0
45	1 2 3 4 5 6 7 8 9 0

受験番号 ⇒

① 0 1 2 3 4 5 6 7 8 9

生年月日 ⇒

年号 明治（M） 大正（T） 昭和（S） 平成（H）
0 1 2 3 4 5 6 7 8 9

2024　高卒認定スーパー実戦過去問題集
英　語

2024 年　2 月 13 日　初版　第 1 刷発行

編集：J-出版編集部
制作：J-Web School
発行：J-出版

　〒112-0002 東京都文京区小石川2-3-4 第一川田ビル TEL 03-5800-0552
　J-出版.Net　http://www.j-publish.net/

ISBN978-4-909326-98-0 C7300 Printed in Japan